KB162585

전기차 혁명이 불러올 미래의 시장

미래를달리는
전기차혁명

배진용 도정국 김필수

전기차 혁명이 불러올 미래의시장

미래를달리는

전기차혁명

전기차 혁명이 불러올 미래의시장

동신대학교 전기차제어
배 진 용 교수

　이 책은 현재 4차 산업혁명을 이끌고 있는 전기자동차 기술에 대하여 소개하고자 한다. 그리고 그 시작의 발화점(發火點)은 포브스(Forbes)지가 2015년부터 2018년까지 세계 최고의 혁신기업으로 선정한 테슬라(TESLA) 그룹이며, 이제는 그 불길이 모든 IT와 자동차 기업으로 전파되고 있는 형국이다.

　테슬라(TESLA) 그룹이 이루고자 하는 세상을 바꾸는 혁신적인 교통혁명은 크게 1)전기자동차 2)자율주행 3)로켓의 기술이 아우러진 혁명을 현재까지 성공적으로 이끌고 있다고 할 수 있다. 테슬라(TESLA)社와 엘론 머스크(Elon Reeve Musk) 회장은 많은 우여 곡절은 있겠지만, 분명한 것은 100여년이 넘는 기계공학 중심의 자동차 기업들(폭스바겐, 도요타, BMW, 벤츠, 볼보, GM, 포드, 크라이슬러 등)에게 불과 20년도 안된 IT기업인 테슬라(TESLA)社는 자동차의 정의를 바꿔달린 스마트폰(Smart Phone)으로 바꾸면서 4차 산업을 이끄는 회사로 전 세계 모든 사람들에게 충격을 던지고 있다.

이 책은 지금까지 테슬라(TESLA)社가 펼치는 전기자동차 분야, 고속철도 분야 및 교통망(交通網) 분야의 혁신을 정리하고 그로 인하여 펼쳐지는 새로운 전기차 혁명을 소개하고자 한다.

테슬라(TESLA)社가 펼치는 혁신을 정리하면 다음과 같다.
첫째, 전기자동차 분야 : 테슬라 모터스(TESLA MOTORS)
둘째, 항공 · 우주 분야 : 스페이스X(SpaceX)
셋째, 고속철도 분야 : 하이퍼루프(HYPERLOOP)
넷째, 교통망(交通網) 분야 : 보링(BORING)

이 4가지 혁신은 4차 산업혁명 시대에 전 세계 모든 기업들에게 변하지 않는다면 더 이상 생존할 수 없다는 절박함을 주고 있다. 그리고 전 세계 수많은 IT와 자동차 기업은 이제 새로운 라이프스타일(Life Style)을 창출하는 새로운 타입의 자동차와 운전대와 브레이크가 없어진 자율주행 자동차를 통하여 새로운 IT 자동차의 전기차 혁명을 펼쳐가고 있다.

4차 산업혁명의 완성은 바로 인간이 시간(時間)과 공간(空間)의 한계(限界)를 아름답게 뛰어넘는 그 속에서 진정으로 완성될 것이고, 이 책에서 그 미래의 모습으로 여러분을 안내할 것이다.

전기차는 도로위에 스마트폰

(주)N4L 코리아
도 정 국 대표

"현재의 꿈은 질서와 권력이 만들어 둔 꿈이다"

얼마전 한토크에서 본 말이 충격으로 내맘에 와 닿았다. N4L Newtons의 4법칙이라는 한국지사 대표를 맡고 있는 필자(筆者)의 회사 이름이다. 그러나 필자는 이것을 두고 뉴튼(Newtons)의 4번째 사과라고 말한다. 첫 번째 사과는 아담의 사과, 두 번째 사과는 뉴튼의 사과, 세 번째 사과는 스티브 잡스의 사과, 네 번째 사과는 제임스도(James Do: 도정국의 영문 이름)의 사과, 나는 스마트(Smart) 시대에 이슈(Issue)가 되는 단어를 뽑아보았다. **스마트폰(Smart Phone), 스마트카(Smart Car), 스마트핏(Smart Fit: 개인 맞춤의 스마트 퍼스널 트레이닝), 스마트공장(Smart Factory) 바로 이 4가지이다.**

2007년 스마트폰(Smart Phone)을 스티브 잡스(Steve Jobs)가 들고 나왔을 때 아무도 이렇게 파급적으로 세상이 바뀔지 몰랐다. 그때 필자(筆者)는 아이폰 최초 버전을 사용하면서 과연 이것이 활성화 될지 몰랐다. 느려 터지고 불편한 아이폰을 던지고 다시 2G Phone으로 돌아왔다. 인생에 기회는 항상 찾아오는 것이 아니다. 이때 스마트폰을 잘 이해하고 어플리케이션(App)에 대해 조금만 빨리 눈을 뜨고 준비했다면 필자 또한 유니콘기업의 CEO(최고경영자)로 이름을 떨치고 있을 지도 모른다. 기회의 신 카이로스(Kairos)를 놓쳤을지라도 이제는 놓치지 않고 꼭 잡기로 했고 그것이 바로 전기차 비즈니스(EV Business)이다. 필자(筆者)는 영국 다이슨(Dyson) 청소기 회사가 개발 때 꼭 필요한 전력분석기 N4L(영국 레스터에 위치한 회사)의 한국지사 총판 및 서비스 교육을 전담하고 있다. 영국 다이슨 본사(本事)에서는 N4L 전력분석기를 50대 이상 사용하고 있으며, 혁명적인 날개 없는 선풍기, 사이크론 청소기 및 헤어 드라이어기로 가전 시장을 주도하고 있다. 또한 LG 및 삼성의 가전회사도 N4L 전력분석기를 이용하고 개발하고 있다. 전력분석기 N4L은 미래를 선도하고 있으며, 이제 전기자동차와 새롭게 만나게 될 것으로 확신하고 있다. 누군가를 만나면 꿈은 이루어진다. 내 인생은 마치 드라마처럼 운명적으로 만남과 반전은 바로 전기자동차 분야의 최고 권위자인 대림대학교 김필수 교수님과 동신대학교 배진용 교수님과의 만남이다.

그리고 이제 대림대학교 김필수 교수님과 동신대학교 배진용 교수님과 함께 만들어 가는 전기자동차 기술인 협회를 통하여 전기차 애프터 비즈니스(After Business) 시장에 최고봉으로 성장할 것이다.

전기차는 움직이는 생활공간

대림대학교 자동차과
김 필 수 교수

바야흐로 전기차의 시대가 열리고 있다. 이제는 전기차가 자동차의 주류로 본격 편입되면서 각종 단점도 사라지기 시작했다. 전기차와 함께 이를 활용한 자율주행차의 시대로 접어들고 있다고 해도 과언이 아니라는 것이다. 자동차는 이전의 단순한 이동수단에서 이제는 '움직이는 생활공간', '움직이는 가전제품'으로 탈바꿈하기 시작했으며, 변화의 속도는 우리가 예상하기 힘들 정도로 빠르게 변화는 만큼 즐기지 않으면 도태된다는 인식을 가지기 시작했다는 것이다. 과거의 10년이 이제는 1년이면 구현되는 급변의 시대에 살고 있다는 뜻이기도 하다.

이에 따른 전기차 관련 책자도 쏟아지고 있다. 미래를 예측하는 단순한 상식을 지향하는 책자부터 전문적인 시각을 요구하는 책자 등 다양성도 커지고 있다. 그러나 일반인들이 전기차 관련 지식을 얻는 것은 쉽지도 않지만 전문적인 용어나 지식을 기반으로 해야 학습이 가능한 책자도 많다고 할 수 있다. 좀 더 현실적으로 가까이 접근이 쉬우면서도 확실하게 속살을 알 수 있는 책자는 우리 주변에서 쉽지 않은 상황이다.

그래서 본 책자는 더욱 전기차 및 관련 기술에 접근하기 쉽게 풀어쓴 책자라고 할 수 있다. 전기차의 시작부터 응용까지, 단순 기술부터 응용기술까지, 특히 전기차의 응용이라고 할 수 있는 음속으로 운행되는 미래의 기차라고 할 수 있는 진공 하이퍼루프나 지하 터널에서 자동차를 초고속으로 운반시켜주는 보링 기술까지 가까운 미래에 실제로 적용되는 신기술까지 총망라하여 선을 보인 책자이다.

본 책자를 주목하는 이유는 바로 특허를 기반으로 기술을 풀어쓴 내용이라는 것이다. 현재 제출된 특허를 기반으로 하여 응용하는 단계까지 풀어 쓰면서 향후 미래의 모빌리티가 어떻게 변모할지 예상하는 것도 재미있을 것이다. 제출된 특허 내용과 도면을 기반으로 실제 적용되고 있는 사진까지 촘촘히 제시하면서 적당한 글과 함께 지겹지 않게 서술한 책자라는데 더욱 큰 의미가 있을 것이다.

가장 주목할 부분은 전기차의 혁명을 이끌고 있는 테슬라의 특허와 기술, 현주소 등을 확연하게 확인할 수 있다는 것이다. 최근 테슬라가 여러 이유로 멈칫하고 있으나 아직 테슬라는 본 면모를 보여주지 못한 만큼 앞으로가 더욱 기대가 되는 혁신적 회사라고 할 수 있다. 테슬라의 모든 것을 전기차라는 교통수단으로 확인하면서 미래의 기술 방향을 가늠하는 것도 좋은 목적이라 할 수 있을 것이다.

본 저자들은 전기차에 대한 애정이 남다른 학자이며 사업가이다. 각기 다른 영역도 가지고 있으면서 성공적인 캐리어도 갖추고 있는 색깔이 다른 저자들이 모여 이번 책자를 저술하였다는 점도 특이한 사항이라 할 수 있다. 전기차에 대한 애정이 남다른 만큼 본 책자를 통하여 독자들이 조금이나마 전기차에 대한 미래를 지향하는 예견을 찾는데 도움이 되었으면 한다. 본 책자의 결론은 전기차는 지나가는 미풍이 아닌 시대를 바꾸는 태풍으로 오고 있음을 알린다는 것이다. 이제 본격적인 전기차의 시대가 열리고 있다.

CONTENTS

머릿말 —

01 테슬라(TESLA) 모터스가 만드는
새로운 혁신의 물결

02 테슬라(TESLA)라는 이름으로
펼쳐지는 전기차 혁명

❝❝ CONTENTS

05 전기차 혁명의 시대를 맞이하며..!!

01

테슬라(TESLA) 모터스가
만드는 새로운 혁신의 물결

테슬라 전기자동차 모델 S

미국 캘리포니아 주(州)의 프레몬트(Fremont)에
위치한 테슬라 공장

1-1
어..!! 정말 특이한 전기자동차가
세상의 돌풍을 일으키네...

    아직까지 도로의 상당 부분을 가솔린(Gasoline) 또는 경유차
(Diesel) 자동차가 달리는 현재, 최초의 자동차에 대해서 아직도
많은 사람들은 가솔린 자동차라고 오해하시는 분들이 있는 것 같
다. 하지만, 분명한 것은 최초의 자동차는 완전 무(無)공해 자동차
인 전기자동차라는 것이다.

    우리나라에서 자동차 산업은 1990년대 이후에 경제성장을 주
도한 제조업의 핵심 산업으로서, 지난 20년간 연평균 6.0%의 성
장세를 지속하고 있으며, 고용, 생산, 수출 등 국민경제에서 차지
하는 비중이 10%에 달하는 국가경쟁력의 근간이 되고 있다.

    전 세계적으로 자동차 산업의 이슈(issue)는 환경, 안전, 에너
지에 관한 것으로서, 석유자원 고갈, 지구온난화 및 환경오염 등
유한(有限)자원과 환경보호의 필요성으로 인하여 내연기관 자동
차에서 친환경 전기자동차로 이행 중이다. 친환경 전기자동차는
자동차의 엔진구조가 기존 엔진과 같은 연소로부터 에너지를 얻
는 구소가 아닌 전기에너지를 통해 구동되는 모터가 설치된 자동
차이며, 배기가스나 환경오염이 없으며, 소음도 작다는 장점을 가
지고 있다.

미국은 2008년 이후에 전 세계 금융위기로 인하여 2008년부터 2010년 사이에 미국 자동차 산업은 생(生)과 사(死)를 오가는 상황을 맞았고, 미국의 3대 자동차 제조업체[1] 중에서 적어도 두 업체는 미국 정부의 도움이 없었다면, 그대로 파산하고 말았을 것이다. 미국 정부는 자동차 제조업체들을 상대로 보다 연료 효율성이 뛰어난 차량 생산을 독려했으며, 미국 에너지부(DOC)를 통해서 자동차 제조업체들에게 친환경 전기자동차 생산과 연계하여 다양한 대출금과 보조금 지원을 해주었다[2].

현재 진행되는 각 국의 내연기관 자동차(휘발유 및 디젤자동차) 규제현황을 살펴보면, 가장 강력하게는 유럽, 인도 및 중국을 중심으로 진행되고 있다. 유럽에서 노르웨이, 네덜란드의 경우 2025년부터 내연기관 자동차 판매 및 등록을 금지하도록 법제화하였고, 영국, 프랑스의 경우 2040년부터 내연기관 자동차의 판매를 중지하는 법을 제정하였으며, 독일의 경우도 2040년에 내연기관 자동차 판매를 하는 결의안을 통과 및 법제화를 진행하고 있으며, 인도의 경우 2030년부터 전기자동차만 판매하도록 강력하게 법을 제정하였다. 또한, 중국도 2017년 이후 주요 대도시의 대기오염 완화를 위하여 내연기관 자동차의 생산 및 판매를 각 지역별로 강력하게 추진하고 있다[3].

이러한 각 국의 내연기관 자동차의 규제에 따라서 세계적으로 주요 자동차 회사인 볼보, 도요타, 폭스바겐, BMW 등 세계적인 자동차 회사는 2025년을 전후로 내연기관 자동차의 생산중단 및 대폭 감축을 시작하는 회사 정책을 각종 언론을 통해서 선언하고 있는 현실이다.

자동차 역사에서 전기자동차의 부활(復活)이라면, 테슬라(TESLA) 자동차의 움직임을 반드시 살펴보아야 한다. 2003년부터 미국 실리콘 밸리[4]에서 일발적인 자동차 회사와 상이한 자

---

1) 포드(Ford)社, GM(General Motors)社, 크라이슬러(Chrysler)社
2) 찰스 모리스 지음, 엄성수 옮김, 테슬라 모터스, 을유문화사, 2015.07. pp. 36~37.
3) 글로벌 내연기관 자동차 판매 금지에 관한 언론의 주요기사를 정리함
4) 실리콘밸리(Silicon Valley) : 반도체 재료인 실리콘(Silicon)과 산타클라

동차 회사가 탄생하였다.

그림 1-1. 테슬라 전기자동차 최초 차량 로드스터(Roadster)
[2006년 7월, 2인승 스포츠카(현재 생산 및 판매 중단)]

이전까지 전기자동차라면, 연비가 좋다는 점을 부각하기 위하여 작고, 못생기고, 느리고, 주행거리가 짧다는 고정관념이 있었다.

하지만, 엘론 머스크(Elon Reeve Musk)[5]의 테슬라

라 인근 계곡(Valley)를 합쳐서 만든 합성어, 원래는 양질의 포도주 생산 지대였는데, 반도체 및 IT 기업들이 대거 진출하면서 실리콘밸리로 불리게 되었고, 세계적인 기업으로 성장한 벤처기업 밀집 지역

5) 엘론 리브 머스크(Elon Reeve Musk : 1971년 ~ 현재) : 남아프리카 공화국의 프리토리아에서 태생, 전기 및 기계 엔지니어인 아버지 에롤 머스크(Errol Musk)의 영향으로 어릴 때부터, 컴퓨터 게임 및 프로그램 분야에 집중적으로 관심을 가지게 되었고, 캐나다 온타리오에 위치한 퀸즈대학교에서 경영학을 전공하다. 미국 펜실베니아 대학으로 편입하고, 경제학 및 물리학 2중 전공으로 학사를 마치고, 에너지 물리학 분야의 박사학위를 취득하기 위하여 1995년 스탠퍼드 대학교에 입학하였으나, 창업의 길로 들어서면서, 집투 코퍼레이션(Zip2 Corporation), 온라인 은행 사업인 엑스닷컴(X.com) 및 페이팔(Paypal), 민간 우주사업인 스페이스X(SpaceX)를 사업하였고, 2003년부터 100% 전기로 동작하는 자동차 회사인 테슬라 자동차 사업하는 미국의 사업가이자 발명가

(TESLA)[6] 자동차는 기존 전기자동차의 고정관념을 깨고, 2차 전지 약 7000개를 사용하여 최고시속 394[km]를 내는 후륜구동 방식과 영국 로터스 엘리스 세시를 이용한 고가의 스포츠카 버전(로드스터)(그림 1-1 참고)의 성공을 발판으로 중고가 스포츠 세단(모델 S), 일반인을 위한 상용 자동차 세단(모델 E), 중고가 스포츠 SUV(모델 X), 전기자동차 트럭(테슬라 세미 트럭)을 발표함을 통해서 세계적인 이목을 집중시키고 있는 중이다[7].

그림 1-2. 구글(Google)社의 무인 전기자동차

6) 테슬라 자동차는 전기자동차의 엔진으로 사용된 유도전동기의 발명가인 미국의 니콜라 테스라(Nikola Tesla)의 이름을 바탕으로 테슬라라는 이름을 사용하였다.
7) Wikipedia 인터넷 사이트, 테슬라 모터스, https://namu.wiki/w/테슬라 모터스

1-2
전기자동차의 최초 발명과 그 쇠퇴
(1824년~1920년)

    1900년대 초에 미국에서 굴러다니는 자동의 약 38%가 전기자동차였다. 그만큼 전기자동차의 역사는 오래되었다고 할 수 있을 것이다. 또한, 세계적인 발명왕인 토마스 에디슨(Thomas Alva Edison)[1]도 전기자동차 및 전기철도와 관련하여 총 48건의 특허를 등록은 받았고, 특히 전기자동차의 에너지 독립을 위하여 에디슨은 충·방전이 가능한 2차전지[2]에 관하여 총 135건의 특허를 출원 및 실용화하였다[3].

----

1) 토마스 에디슨(Thomas Alva Edison : 1847년 ~ 1931년) : 일명 발명왕이라고 불리우는 세계적인 미국의 발명가, 전구를 세계 최초로 발명하고, 이 실험 중에 발견한 '에디슨 효과'는 20세기 들어와 열전자 현상으로 발달하여 전자공업의 초석을 마련한 미국의 과학자, 평생 1,093개의 특허를 출원하였고, 잘 알려지지 않았지만, 전기자동차, 전기철도 및 2차전지 배터리에 대해서도 수많은 연구를 수행하였다.

2) 1차전지는 방전한 뒤에 충전을 통해서 본래의 상태로 되돌릴 수 없는 전지로서, 대표적으로 건전지, 알라라인 전지가 있으며, 세계 최초로 이탈리아 과학자 볼타에 의해서 발명되었다. 2차전지는 충전과 방전이 반복적으로 가능한 전지로서, 대표적으로 납축진지, 니켈전지, 리튬선지가 있다.

3) 토마스 에디슨의 전기자동차 및 배터리에 관한 특허는 필자(筆者)가 직접 조사함[필자(筆者)의 저서, "세상을 바꾼 위대한 혁신가!!! 토마스 에디슨의 꿈, 발자취 그리고 에디슨 DNA(2017년 2월 출판, 더하심 출판사) 참조]

"세계 최초의 자동차는 언제 발명되었나??"

"자동차의 역사는 언제 시작되었나??"라는 질문에 많은 기계공학 중심의 자동차 전문가들은 1886년 7월 3일이라고 대답하여 왔었다.

바로 1886년 7월 3일은 카를 벤츠(Karl Friedrich Benz)[4]가 세계 최초로 3륜 모토바겐(Motorwagen)을 독일 만하임(Manheim) 도로에서 시운전한 날이다(그림 1-3 및 그림 1-4 참고).

그림 1-3. 카를 벤츠(Karl Friedrich Benz)

---

4) 카를 벤츠(Karl Friedrich Benz : 1844년 ~ 1927년) : 세계 최초로 가솔린 자동차를 발명한 발명가이고, 1878년 가스 고속 엔진 발명, 1885년 세계 최초의 3륜 모토바겐(Motorwagen)을 발명한 내연기관 자동차의 아버지이자 세계적인 자동차 회사인 메르세대스 벤츠(Mercedes-Benz)社의 설립자이다.

그림 1-4. 카를 벤츠가 발명한 3륜 모토바겐(Motorwagen)

　하지만 이제 자동차의 역사는 그 시작을 40년 이상 앞당겨야 할 것이다. 바로 세계 최초의 전기자동차는 1824년 헝가리의 발명가 앤요스 제드릭(Ányos Jedlik)[5]에 의하여 자신이 발명한 전기모터를 적용하여 전기자동차 개발을 세계 최초로 시도하였다(그림 1-5 및 그림 1-6 참고).

---

5) 앤요스 제드릭(Ányos Jedlik: 1800년~1895년): 1800년대 초반에 전기모터에 대하여 집중적으로 연구한, 물리학자, 엔지니어 및 발명가이며, 자신이 개발한 모터를 이용하여 세계 최초의 전기자동차를 발명한 헝가리의 발명가

그림 1-5. 앤요스 제드릭(Ányos Jedlik)

그림 1-6. 앤요스 제드릭이 세계 최초로 발명한 전기자동차

이후 1830년대 스코트랜드에서 전기자동차 및 전기철도를 개발하기 위하여 초창기 연구가 시도되었고, 전기자동차는 1834년 로버트 앤더슨(Robert Anderson)[6]이 개발하였고, 전기철도는 1837년 로버트 데이비슨(Robert Davidson)[7]은 배터리를 사용하여 개발하였다.

그림 1-7. 토마스 파커(Thomas Parker)

그림 1-8. 토마스 파커 개발한 전기자동차(1884년)

---

6) 로버트 앤더슨(Robert Anderson: 생애에 대해 정확히 모름): 19세기 배터리를 사용하여 최초로 전기자동차를 연구한 스코트랜드 발명가
7) 로버트 데이비슨(Robert Davidson: 1804년~1894년): 배터리를 사용하여 최초로 전기철도를 연구한 스코트랜드 발명가

그림 1-9. 알버트 포프(Albert A. Pope)

그림 1-10. 알버트 포프가 개발한 전기자동차(1899년)

하지만, 앤요스 제드릭(Ányos Jedlik), 로버트 앤더슨(Robert Anderson) 및 로버트 데이비슨(Robert Davidson)의 발명은 실용화에는 부족한 점이 많았으며, 1800년대 중반 이후에 다양한 발명가가 전기자동차 개발에 뛰어들었다. 실질적으로 전기자동차 상용화를 추구한 발명가는 영국의 토마스 파커(Thomas Parker)[8] 및 미국의 알버트 포프(Albert A. Pope)[9]이며, 이들이 그림 1-8 및 그림 1-10의 전기자동차를 개발하였고 각각 유럽과 미국에서 상용화를 위하여 노력하였다.

세계적인 발명왕 토마스 에디슨은 토마스 파커(Thomas Parker) 및 알버트 포프(Albert A. Pope)보다 늦게 전기철도 및 전기자동차 분야에 뛰어 들었다. 하지만, 전구의 조도(照度) 제어 및 발전기의 속도제어는 에디슨이 전기기기 속도제어 기술을 바탕으로 전기철도 및 전기자동차 기술개발에 전 세계에 그 누구보다 가장 많은 총 48건의 특허기술을 발명하였다[10].

토마스 에디슨이 자신이 가장 완숙한 발명을 수행할 수 있던 36세부터 86세까지, 즉 30대 중반부터 평생 동안 전기자동차 및 전기철도 기술개발보다 더욱 집중(集中)한 것은 발전소와 전력배선으로부터 완전히 자유로운 전기 에너지의 독립(獨立)이었다. 즉, 토마스 에디슨은 충·방전이 가능한 2차전지[11]

8) 토마스 파커(Thomas Parker: 1843년~1915년): 자동차 분야 기술자로서 엘웰-파커(Elwell-Parker)社를 공동으로 창업하여, 납 축전기 및 모터를 이용하여 전기자동차를 상용화하는 영국의 발명가
9) 알버트 포프(Albert A. Pope: 1843년~1909년): 군인 출신으로 콜롬비아(Columbia)社를 창업하여, 자전거 생산을 시작으로 전기자동차를 실용화를 추진했으며, 가솔린자동차 등을 생산 및 판매한 미국의 발명가이자 사업가
10) 랜스덴(Lansden)社는 토마스 에디슨의 전기자동차 발명 및 특허를 바탕으로 1900년도 초반에 약 1,750대의 전기 트럭(Electric Truck)을 생산 및 판매하였다.
11) 1차전지는 방전한 뒤에 충전을 통해서 본래의 상태로 되돌릴 수 없는 전지로서, 대표적으로 건전지, 알카라인 전지가 있으며, 세계 최초로 이탈

에 관하여 총 135건의 특허를 출원 및 실용화하였다[12].

토마스 에디슨의 발명(發明)과 특허(特許)를 검토하면서, 감탄하는 점은 지금도 마찬가지이지만, 전기자동차의 성공의 핵심은 에너지 밀도가 높은 배터리[13]라는 것을 100년 전에 에디슨도 너무나 잘 알고 있었다는 것이다. 전기자동차와 배터리에 대해서 토마스 에디슨이라는 존재에 대해서 많은 사람은 정말 잘 모르는 것 같다. 아마도 전문가 정도의 지식을 가진 극소수를 제외하고, 전기자동차와 배터리 분야에서 토마스 에디슨이라는 이름조차 극히 생소할 것으로 생각된다.

토마스 에디슨을 전기자동차와 배터리 분야에서 다시금 평가해 보면, 전기자동차 및 전기철도에 총 48건의 특허를 발명하여 세계에서 가장 많은 연구를 수행한 발명가이다. 그리고 전기 에너지 독립을 위한 충·방전이 가능한 2차전지 배터리에 총 135건의 특허를 발명하여, 역시 2차전지 배터리에서 세계에서 가장 많은 특허를 출원한 발명가이며, 현재 가장 앞서가는 배터리 재료인 니켈, 리튬을 가장 먼저 사용한 과학자이며, 지금의 전기자동차의 초석을 다진 발명가라고 평가할 수 있을 것이다.

이렇게 토마스 에디슨이 전기자동차, 전기철도 및 2차전지 배터리분야에 대해 주옥(珠玉) 같은 발명을 하였지만, 이 점에 대하여 별로 부각되지 못한 이유를 간단하게 이야기하면, 미국의 석유 왕인 록펠러(John Rockefeller)[14]와 자동차 왕인 핸리 포

리아 과학자 볼타에 의해서 발명되었다. 2차전지는 충전과 방전이 반복적으로 가능한 전지로서, 대표적으로 납축전지, 니켈전지, 리튬전지가 있다.

12) 토마스 에디슨의 전기자동차 및 배터리에 관한 특허는 필자(筆者)가 직접 조사함

13) 우리나라 기업인 삼성 SDI, LG 화학, SK 이노베이션은 2차전지 배터리 개발에 박차를 가하고 있으며, 리튬이온 배터리 분야에서 세계최고 양산시스템을 가지고 있으며, 국가발전에 기여하고 있다.

14) 록펠러(John Davison Rockefeller: 1839년~1937년): 미국 오하이오 스탠더드 석유회사를 설립하여, 1900년대 초반에는 미국 정유소의 95%를 지배한 미국의 석유 사업가이자 석유 왕으로 통함

드(Henry Ford)[15] 때문으로 생각된다(그림 1-11 참고).

그림 1-11. 석유 왕 록펠러(좌측)와 자동차 왕 핸리 포드(우측)

전기자동차는 가솔린자동차보다 먼저 발명되었고, 1920년까지 전기자동차와 가솔린자동차는 공존 및 경쟁관계에 있었다. 하지만, 1908년 자동차 왕인 핸리 포드가 개발하여 상용화한 모델 T(그림 1-12 참고)와 1920년 석유 왕인 록펠러가 텍사스 원유발견 및 석유산업 개발로 인하여, 가솔린자동차는 혁신적으로 평균 500달러~1000달러 가격하락이 되었다. 이로 인하여 자동차라는 이름은 휘발유 및 경유 자동차가 대명사가 되었고, 전기모터와 배터리로 구동하는 전기자동차는 그 이름이 1920년대부터 최근까지 약 70년 동안은 사라지게 되었으며, 지금도 전기자동차는 자동차 분야에서는 아직까지 조금은 어색한 이름이라고 할 수 있을 것이다.

15) 핸리 포드(Henry Ford: 1863년~1947년): 에디슨의 컨베이어 밸트 발명으로부터 영감을 받아서 자동차 분야의 혁신적인 조립 라인인 포드시스템을 확립하였고, 미국 자동차 대표기업인 포드사를 설립한 자동차 기업가, 발명가이자 자동차 왕으로 통함

그림 1-12. 핸드 포드가 상용화한 휘발유 자동차 모델 T(Model T)

1-3
GM社의 혁신과 실패 (1990년~2000년)

1990년대 미국 캘리포니아(California) 주(州) 정부는 캘리포니아 주에서 판매하는 자동차의 10% 정도는 배기가스가 전혀 나오지 않는 자동차를 판매하여야 한다는 '배기가스 제로법(ZEV: Zero Emission Vehicle)'을 제정하였다[1].

캘리포니아(California) 주(州)의 '배기가스 제로법'은 1990년 세계적인 미국의 자동차 기업인 GM(General Motors)社[2]가 전기자동차 EV1을 LA 모터쇼에 선보이는 개기를 마련하였고, 1996년 GM社는 배기가스 및 소음이 전혀 없으며, 시속

1)Louise Wells Bedsworth and Margaret R. Taylor, "Learning from California's Zero-Emission Vehicle Program", CEP(California Economic Policy), Vol. 3, Num, 4, 2007.09.

2)GM(General Motors)社: 1904년 윌리엄 듀랜트(William Durant)가 뷰익(Buick)社의 지분을 사들여서 1908년 9월에 GM社를 설립하였고, 지속적으로 성장하여 현재는 미국의 3대 자동차 회사로 등극하였다. GM社는 뷰익(Buick), 캐딜릭(Cadillac), 쉐보레(Chevrolet), GMC, 오펠(Opel), 복스홀(Vauxhall) 및 홀덴(Holden) 등 미국을 대표하는 자동차 브랜드를 만들어 냈어며, 2011년 대한민국의 대우자동차를 인수하여서 쉐보레(Chevrolet)라는 브랜드를 주력으로 사용하고 있으며, 1996년 전기자동차를 부활시켰지만, 상당한 실패를 하였던 자동차 기업

130km(최고속도 150km)로 주행이 가능한 전기자동차를 양산하였다. GM社의 전기자동차 EV1은 1996년부터 2000년까지 800대의 전기자동차 EV1을 소비자에게 대여하여 큰 호응을 얻었다[3].

GM社가 개발한 EV1은 2인승 전륜(前輪)구동 방식으로, 전기 콘센트가 있는 어느 곳이면 충전이 가능하고, 플러그를 꽂은 뒤 4시간이면 완전 충전이 가능하다. 무게를 가볍게 하기 위하여 알루미늄 프레임에 복합소재를 사용하여 가볍게 하였으며, 차고 벽에 설치된 소형 액자 크기의 충전기를 사용하여 한번 충전에 110~130km(최대 160km)의 주행이 가능한 것을 특징으로 한다(그림 1-13 참고).

그림 1-13. GM社의 전기자동차 EV1 및 충전모습

3)Wikipedia 인터넷 사이트, Who Killed the Electric Car,
  https://en.wikipedia.org/wiki/Who_Killed_the_Electric_Car%3F

GM社는 EV1 개발을 위하여 15억 달러(한화로 약 1조 8천억원)이상을 투자하였으며, 저렴한 충전비용 덕분에 EV1은 구입자가 증가하였고, 기존의 휘발유 자동차 업체는 위협을 받기 시작하였다. 전기자동차는 화석연료 즉, 석유를 사용하는 내연기관이 아닌 전기 모터로 주행하기에 엔진오일과 오일필터 등이 필요하지 않으므로 정유업체를 포함하는 자동차 정비 및 부품업체에 큰 위협으로 다가왔다.

급기야 메이저(Major) 석유회사 및 자동차 업체는 GM社의 전기자동차 EV1의 인기에 위기의식을 느끼고 "전기자동차의 배터리에 문제가 많고 비싸다"라는 문제점을 언론에 퍼트리고 로비를 통하여 캘리포니아 주정부를 압박하여 공청회를 가진 뒤 2003년 '배기가스 제로법'을 철폐(Abolish law)하였다. GM社 배기가스 제로법이 사라지자 전기자동차 EV1의 생산라인을 철수하고 직원을 해고하였으며, 마지막으로 남은 78대의 EV1,을 2005년 사막 한가운데서 조용하게 폐차하였다 [4](그림 1-14 참고).

그림 1-14. 소니 픽처스社의 포스터 및 GM社 EV1 폐차모습

---

4)정용욱 외 공저, 전기자동차 2판, GS인터비전, 2013.08. pp. 38~39.

소니 픽처스社가 2006년에 제작한 '누가 전기자동차를 죽였
나(Who Killed the electric car)'란 다큐멘터리에서는 GM社
의 전기자동차 EV1을 리스(lease)하여 운전한 다수의 EV1 사
용자들의 인터뷰를 통해서 이렇게 혁신적인 전기자동차가 갑자
기 사라진 것에 대하여 아쉬움에 대하여 나타냈으며, 미국·중동·
유럽 등 석유 회사들의 석유판매에 따른 세금 문제가 복잡하게
얽혀있으며, 기존의 메이저 자동차 회사가 내연기관 자동차의
생산을 중단하면 수익성이 나빠질 것이란 우려가 작용하였음을
나타내고 있다.

이 다큐멘터리에서 미국의 역대 대통령인 카터(Jimmy
Carter), 레이건(Ronald Reagan), 클린턴(Bill Clinton) 등이
중동의 석유 중독을 끊겠다는 공헌을 했으나, 메이저 석유회사
및 자동차 회사의 로비, 이에 굴복한 미국 정부, 큰 차를 좋아하
는 미국 소비자의 성향이 GM社의 전기자동차 EV1을 결국 죽였
다는 내용을 담고 있으며, 역사에서 조용히 사라지는 최후를 맞
이하였다[5].

하지만, 2005년 GM社 EV1이 폐차되는 그 순간, 테슬라 자동
차의 엘론 머스크(Elon Reeve Musk)는 최고급 전기자동차의
출시를 준비하고 있었고, 2006년 7월에 세상에서 가장 아름다
운 2인승 스포츠카를 탄생하여서 세상에 전기자동차 돌풍을 일
으키고 있다.

5)Youtube 인터넷 사이트, "Who Killed the Electric Car? report",
https://www.youtube.com/watch?v=h85IT8hadyk

1-4
전기자동차 최신 기술개발 현황

전기자동차는 이 시대의 니즈(needs)에 가장 부합되는 자동차로 인식되고 있으며, 공기오염을 감소시키는 장점을 가진다. 하지만, 휘발유 자동차와 비교하여 주행거리가 짧고, 충전 인프라가 상당히 필요하며, 전기자동차 배터리를 충전시키는 시간이 길다는 단점이 존재하고 있다. 따라서 테슬라(TESLA) 전기자동차에 대하여 본격적으로 이야기하기 전에 최근 상용화가 진행 중인 전기자동차 기술개발 현황에 대하여 구체적으로 살펴보겠다.

1) 하이브리드 전기자동차
   (HEV: Hybrid Electric Vehicle)

하이브리드 전기자동차(HEV)는 두 종류 이상의 동력원을 함께 이용하는 전기자동차를 말한다. 통상 휘발유(또는 디젤) 엔진과 전기 모터를 함께 사용하는 자동차를 지칭하며, 연료가 많이 이용되는 순간 휘발유 엔진 대신 전기 모터를 작동시킴으로써 연료 사용을 저감하고, 배기가스 배출도 줄이는 전기자동차를 의미한다. 즉, 하이브리드 전기자동차(HEV)는 출발 및 가속 시에는 엔진+모터로 구동되며, 정속 주행 시는 엔진만 구동하며, 감속 시에는 전기자동차 모터의 발전 작용(발전기 동작)으로 배터리가 충전되는 방식이다(그림 1-15 참고).

대표적인 하이브리드 전기자동차(HEV)는 Citroen社의 C2, 혼다社의 시빅, 도요다社의 프리우스가 있다(그림 1-16 참고).

하이브리드의 정의 및 작동개요

하이브리드는 "혼합"등을 의미하는 단어로서 일반적으로 두 가지의 동력원을 함께 사용하는 차를 말하며, 서로 다른 두개의 동력원인 내연기관(엔진)과 전기 모터를 조합하여 사용하는 자동차임

정차시	출발 및 가속시	정속 주행시	감속시
엔진 정지(오토 스탑)	엔진 + 모터 구동	엔진만 구동	배터리 충전
엔진을 자동으로 정지시켜 차량 공회전에 따른 불필요한 연료 소비 및 배출가스 발생 차단	차량 출발, 가속 및 급가속 등 엔진에 과부하가 걸리면 모터가 엔진을 보조하여 동력 지원	차량이 저/중속 및 고속 정속 주행시 엔진의 동력만으로 차량 구동	감속 및 제동시 버려지는 운동 에너지를 모터를 통해 전기 에너지로 변환, 배터리에 충전

그림 1-15. 하이브리드의 정의 및 작동개요

그림 1-16. 하이브리드 전기자동차
[C2(Citroen社), 시빅(혼다社), 프리우스(도요다社)]

2) 플러그인 하이브리드 전기자동차
(PHEV: Plug-in Hybrid Electric Vehicle)

플러그인 하이브리드 전기자동차(PHEV)는 가정용 전기를 이용하여 전기자동차의 배터리에 충전할 수 있는 하이브리드 전기자동차를 지칭하며, 배터리의 완전 충전을 통하여 50~60km의 거리를 전기로만 주행 가능한 전기자동차를 말한다. 또한, 대표적인 플러그인 하이브리드 전기자동차(PHEV)는 GM社의 볼트(Volt)가 있다(그림 1-17 참고).

그림 1-17. 플러그인 하이브리드 전기자동차[볼트(Volt), GM社]

3) 배터리 전기자동차(BEV: Battery Electric Vehicle)

배터리 전기자동차(BEV)는 내연기관 엔진은 없으며, 순수하게 전기모터의 회전력으로만 달리는 전기자동차를 의미한다. 필요한 전기는 100% 충전을 통해서 얻으며, 대기 오염도 전혀 없는 가장 친환경적인 전기자동차이다. 바로 테슬라社의 모든 전기자동차(모델S, X, 3)와 니산社의 Leaf가 대표적인 배터리 전기자동차(BEV)이며, 완전 무공해(無公害)의 가장 향상되고 발전된 전기자동차라고 할 수 있을 것이다(그림 1-18 참고).

그림 1-18. 배터리 전기자동차
[모델S(테슬라社), Leaf(닛산社)]

다만, 전기자동차의 배터리(리튬-이온 배터리)의 충전 전력 밀도(密度)가 휘발유(또는 경유)의 에너지 밀도와 비교[1]하면, 아래의 표 1과 같다. 현재 리튬-이온 배터리는 상당히 발전했고, 기존의 배터리와 비교하여 리튬-이온 배터리가 저장하는 에너지 밀도가 향상되었다. 하지만, 휘발유와 비교하여 리튬-이온 배터리는 무게 기준 약 1/65배, 부피 기준 약 1/16배 정도로 에너지 밀도가 낮다. 즉 휘발유와 비교하여 에너지 밀도가 상당히 떨어지기 때문에 장거리 운전에 한계, 충전시간 단축이 개선되어야 할 것이다.

표 1. 휘발유와 리튬-이온 배터리의 에너지 밀도 비교

기준	휘발유	리튬-이온 배터리	차이
무게(1kg 기준)	46MJ	0.7MJ	65.71배
부피(1L 기준)	36MJ	2.23MJ	16.14배

4) 연료전지 전기자동차(FCEV: Fuel Cell Electric Vehicle)

연료전지 전기자동차(FCEV)는 배터리 전기자동차와 마찬가지로 순수하게 전기모터의 회전력으로만 주행하며, 전기모터에 공급되는 전기를 연료전지(Fuel Cell)로부터 공급받는 것을 특징으로 한다.

연료전지란 수소(H_2)와 산소(O)를 반응시켜 전기를 생산하는 장치로서, 배기가스가 전혀 없고, 물(H_2O)만 배출되는 친환경 전기자동차이다. 다만, 수소의 대량생산 및 차량 내에 수소의 저장 등이 장애요인으로 기술개발이 필요하다.

---

1) 휘발유와 리튬-이온의 에너지 저장밀도 비교
   Wikipedia 인터넷 사이트, Energy density,
   https://en.wikipedia.org/wiki/Energy_density

그림 1-19. 연료전지 전기자동차
[Equinox(GM社), MIRAI(도요다社), 넥소 FCEV(현대社)]

대표적인 연료전지 전기자동차(FCEV)로는 GM社의 Equinox, 도요다社의 FCHV-avd 및 미라이(MIRAI)가 있으며, 벤츠社의 F-Cell, 최근 국내의 현대자동차社는 넥소 FCEV를 양산화고 있으며, 대중 교통 버스에는 에디슨社의 e-Fibird, 현대자동차社의 ElecCity의 수소 전기버스 모델을 발표하여 상용화하고 있다(그림 1-19 참고).

4가지 대표적인 HEV, PHEV, BEV 및 FCEV 전기자동차의 특징을 정리하면, 다음의 표 2와 같이 정리할 수 있다.

하이브리드 전기자동차(HEV)는 기존의 내연기관 자동차에서 100% 완전한 전기자동차로 이행하는 중간적(中間的)인 자동차라고 할 수 있다. 따라서 하이브리드 전기자동차(HEV)는 모터의 사용정도(전기화 정도)에 따라서 ①Micro(Mild) HEV ②Soft(Power Assist) HEV ③Hard(Full) HEV로 구분할 수 있다. 특히, Micro(Mild) HEV, Soft(Power Assist) HEV 및 Hard(Full) HEV에 대하여 구체적으로 언급하면 다음과 같다.

① Micro(Mild) HEV(마이크로 하이브리드 전기자동차)

Micro HEV는 공회전시 시동이 자동으로 꺼지고 출발 시 엑셀레이터를 밟으면, 시동이 켜지는(idle stop & go system) 방식의 차량으로 전기모터는 보조역할만 하는 차량을 의미한다. 기존의 내연기관에 부착하거나 제약조건이 많은 소형 차량에 적합한 방식으로 이산화탄소(CO_2) 감소율이 5~10% 정도의 하이브리드 전기자동차이다(그림 1-20 참고).

표 2. 전기자동차의 종류 및 특징[2]

구분	HEV	PHEV	BEV	FCEV
동력계구조	(엔진 미장착) 모터발전기 / 연료전지 보조배터리 / 수소탱크	(엔진 미장착) 모터발전기 / 배터리 / Plug	모터발전기 엔진 / 배터리 / 연료탱크 / Plug	모터발전기 엔진 / 배터리 / 연료탱크
구동원	• 엔진 + 모터	• 모터 • 엔진(방전시)	• 모터	• 모터
에너지원	• 휘발유/경유 • 전기	• 전기 • 휘발유/경유 (방전시)	• 전기	• 수소
특징	• 구동시 내연기관/모터를 적절히 작동시켜 연비향상 • 별도의 인프라필요 없음 • 배터리 전용 주행 5km 정도	• 단거리 주행 시 전기 모터 로 주행 • 장거리 주행 시 내연 기관 사용 • HEV 대비 배터리 용량증대, 주행거리 60km정도	• 완전한 친환경 전기자동차 • 근거리인 150km 내외만 주행가능	• 완전한 친환경 전기자동차 • 수소/산소 반응으로 전기를 생산하여 동력원으로사용 • 수소탱크, 스택 등 장착이 필요
구매비용	• 다소 고가	• 다소 고가	• 고가	• 초고가
운영비용	• 다소 저비용	• 다소 저비용	• 저비용	• 고비용
운전편의	• 내연기관과 동일	• 전기충전 필요	• 전기충전 필요	• 수소충전 필요
주요차량	• C2(Citroen) • 시빅(혼다) • 프리우스(도요다) • 아반데 LPI(현대) • 아이오닉(현대)	• Volt(GM) • F3DM(BYD) • Karma(Fisker) • 아이오닉,니로, 코나(현대)	• 모델 S,X,3 (테슬라) • Leaf(닛산) • i-miev (미쓰비시) • ZOE(르노) • 아이오닉(현대)	• 넥소(현대) • Equinox(GM) • B-class(다임러) • FCHV-avd, MIRAI(도요다)

2) 송민규, 리튬이온전지 소재기술 동향 분석 및 전망, KDB 산업은행 보고서 및 정용욱 외 공저, 전기자동차 2판, GS인터비전, 2013.08. pp. 56 참조하여 업데이트 함

그림 1-20. Citroen社 C2(Micro HEV)

② Soft(Power Assist) HEV (소프트 하이브리드 전기자동차)

Soft HEV의 경우 Micro HEV 방식보다는 모터의 보조 역할이 더 크다. 대부분의 병렬 방식의 Soft 타입으로 현대자동차의 아반떼 LPI 하이브리드 및 혼다자동차의 시빅(Civic) 하이브리드와 같이 엔진 + 전기모터 + 변속기(CVT: Continuously Variable Transmission)로 구성되어 있다. 이 경우 엔진과 변속기 사이에 모터가 삽입되어 있으며, 모터가 엔진의 동력 보조역할을 수행하게 된다. 전기모터 단독으로 차를 움직일 수 있지만, 모터는 단지 추진의 보조역할을 하며, Soft HEV는 전기적인 비중이 적어 가격이 저렴한 장점이 있지만, 순수 전기 모드 구현이 불가능하여 배기가스 저감 및 연비개선에서 상대적으로 불리하게 된다. Soft HEV는 시동이나 가속순간에만 전기모터가 엔진을 보조하고 정속 주행 시는 일반 자동차와 동일한 엔진으로만 구동하는 타입(Type)이기에 Hard HEV에 비교하여 연비가 나쁜 것이다(그림 1-21 참고).

그림 1-21. 혼다社 시빅(Soft HEV)

③ Hard(Full) HEV (하드 하이브리드 전기자동차)

Hard HEV의 경우 전기모터가 출발과 가속 시에만 역할을 하는 것 이상으로 주행시에도 전기모터가 사용되는 방식이다. 내연기관과 전기모터의 배치에 따라서 직렬형 또는 직·병렬형(혼합형)으로 구분되며, 도요다의 프리우스가 대표적으로 이 방식에 속하는 전기자동차 모델이다(그림 1-22 참고).

그림 1-22. 도요다社 프리우스(Hard HEV)

Micro HEV 〈 Soft HEV 〈 Hard HEV 〈 PHEV 〈 BEV

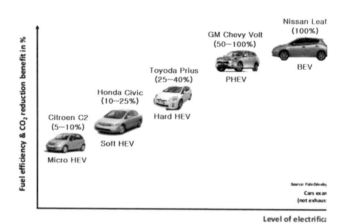

그림 1-23. HEV의 종류별 연료효과 및 이산화탄소 감소율

Hard HEV는 엔진이 전기모터 2개를 가지고 있으며, 변속기 (CVT: Continuously Variable Transmission)로 구성된 하이 브리드 시스템으로, 엔진, 모터, 발전기의 동력을 분할/통합하는 기구인 유성기어를 채택하여 효율적으로 동력을 배분하며, 전기 모터 2개가 유기적으로 작동하여 동력보조 역할도 수행하기에 순수한 전기자동차로 구동도 가능하다.

Hard HEV는 2개 이상의 모터 제어가 필수적이며, 대용량 축 전지가 필요하여 Soft HEV와 비교하여 전용부품이 1.5 ~ 2배 이상 고가인 단점이 있지만, 회생제동 효율이 우수하고 연비가 좋은 장점도 가지고 있다.

기존의 Hard HEV에 대용량 축전지를 추가하고 집에서 축

전지를 충전하면, 연료를 보다 적게 소비하며 멀리주행하게
되는데 이러한 자동차를 플러그인 하이브리드 전기자동차
(PHEV)라고 한다.

그림 1-24는 Hard HEV 방식의 도요다社 프리우스 구조이
며, 그림 1-25은 PHEV 방식의 현대社 아이오닉 구조를 나타
낸다.

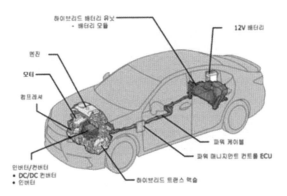

그림 1-24. Hard HEV 구조(도요다社 프리우스)

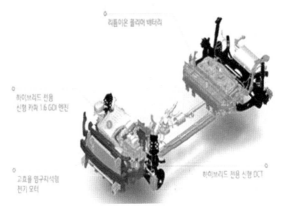

그림 1-25. PHEV 구조(현대社 아이오닉)

Hard HEV 방식의 경우 내연기관 엔진이 주이고, 모터가

보조인 반면에 PHEV 방식의 경우 모터가 주이고, 내연기관 엔진이 보조인 점이 차이가 있다. 따라서 PHEV 방식이 HEV 방식과 비교하여 전기화 정도가 보다 우수하며, 더불어 배터리 용량도 보다 큰 것을 특징으로 한다.

표 3. 모터의 사용정도(전기화 정도)에 따른 전기자동차 구분[1]

구분		특징	비고
HEV	Micro HEV	• 공회전시 엔진이 정지 • 모터는 보조 역할만하는 단순시스템	• 엔진(주) + 모터(보조미비)
	Soft HEV	• 기존 엔진에 모터로 보조 • 전기 주행모드가 없음 • 시동이나 가속 순간에만 모터가 엔진을 보조	• 엔진(주) + 모터(보조)
	Hard HEV	• 전기모터가 출발과 가속 시를 포함하여 주행 시에도 주된 역할 • 하이브리드 자동차의 주류로 성장예정	• 엔진(주) + 모터(보조)
PHEV		• 기본적으로 전기모터로 움직이지만, 배터리 범위를 넘어서는 거리는 엔진을 이용해 발전기를 돌리는 방식	• 모터(주) + 엔진(배터리 충전)
BEV		• 순수 전기로만 움직이는 자동차	• 모터(베터리)
FCEV		• 연료전지를 통해 얻어지는 전기를 이용하여 움직이는 자동차	• 모터(연료전지)

---

1) 정용욱 외 공저, 전기자동차 2판, GS인터비전, 2013.08. pp. 12

그럼 앞에서 HEV, PHEV, BEV 및 FCEV의 종류별 연료효과 및 이산화탄소(CO_2) 감소율에 대해서는 그림 1-21과 같이 정리할 수 있으며, 모터의 사용정도(전기화 정도)에 따른 전기자동차에 대해서는 표 3과 같이 정리할 수 있다.

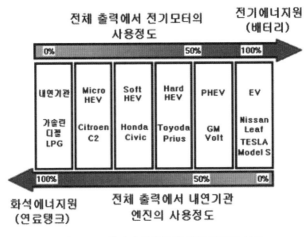

그림 1-26. 에너지 사용률에 대한 자동차 분류

그림 1-26에서 에너지 사용률을 살펴보면, 전형적인 내연기관인 휘발유(Gasoline), 경유(Diesel) 및 LPG 차량의 경우 순수한 화석에너지를 사용하고 있다. Citroen社의 C2는 정지시 엔진을 정지하여 연료를 저감하는 Micro HEV로서 단지 5~10%만 전기에너지를 사용하고 있으며, 혼다社의 시빅(Civic)은 기존에 내연기관 엔진에 전기모터로 보조하는 Soft HEV로서 10~25% 정도의 전기에너지를 사용하고 있고, 도요다社의 프리우스(Prius)는 전기모터가 출발과 가속 시에만 역할을 하는 것이 아니라 주행에 주된 역할을 하는 Hard HEV로서 25~40% 정도의 전기에너지를 사용하고 있다. GM社의 쉐보레 볼트(Chevrolet Volt)는 기본적으로 전기모터로 구동되지만, 배터리의 에너지 공급 범위를 넘어서는 거리는 내연기

관 엔진을 이용하여 발전기를 돌리는 방식의 Plug-in HEV로서 50~100%의 전기에너지를 사용하고 있다. 닛산社의 리프(Leaf) 및 테슬라社의 모델 S,X,3는 순수하게 배터리의 전기를 사용하는 방식이며, 도요다社의 FCHV-avd, 미라이(MIRAI) 및 현대社의 투싼ix FCEV는 연료전지 전기자동차(FCEV)로서 가장 친환경적인 자동차이다.

그림 1-27. 메르세데스 벤츠社의
자율주행 컨셉카 (Concept Car) F015[1]

---

1) 2015년 미국 디트로이트(Detroit) 모터쇼에서 벤츠社가 선보인 자율주행 컨셉카(Concept Car), 이 차는 일체형 알루미늄 바디(Body), 고강도 철재사용, 탄소섬유 마감, 수소연료 탱크에서 에너지를 공급받아 2개의 모터를 통해서 자율주행이 가능한 미래형 연료전지 전기자동차(FCEV)이다.

1-5
테슬라(TESLA) 전기자동차의
인기 비결

이제까지 4가지 대표적인 HEV, PHEV, BEV 및 FCEV 전기자동차에 대하여 살펴보았고, 모터의 사용정도(전기화 정도)에 따라서 ①Micro(Mild) HEV ②Soft(Power Assist) HEV ③Hard(Full) HEV에 대해 분석하였다. 즉 테슬라 전기자동차는 4가지 전기자동차 중에서 BEV(배터리 전기자동차)이며, 완전 무공해(無公害)의 가장 향상되고 이상적인 전기자동차라고 할 수 있을 것이다. 그럼 테슬라(TESLA) 모터스가 전기자동차로서 특별히 돌풍을 일으키는 인기의 비결에 대해서 보다 구체적으로 살펴보겠다.

1) 자동차의 개념을 완전하게 변화시킨 신개념 전기자동차
　- 시각성이 탁월한 디스플레이 및 수납공간이 넓은 프렁크(Frunk) 등
테슬라(TESLA) 전기자동차의 경우 기존의 내연기관 자동차와 다른 방식의 설계를 채택하고 있다. 기존의 자동차 생산방식은 금속판을 찍어서 틀을 만들어 내고, 용접하고, 페인트칠을 하고, 모든 인테리어를 마친 후에 최종적으로 모든 자동차를 조립하는 방식을 채택하고 있다. 즉, 현대의 내연기관 자

동차는 수십 개의 컴퓨터가 모여서 1개의 자동차로 제조되고 있다. 대략 60~70개의 개별로 동작하는 컴퓨터, 20여개 회사에서 제작된 각기 다른 소프트웨어 및 130[kg]이 넘는 전선으로 구성되어 있다.

　테슬라 전기자동차의 혁신은 바로 기존의 자동차 제조 방식과 전혀 다른 설계시스템으로서 자동차를 움직이는 모든 소프트웨어가 단일(單一) 시스템으로 통합되었다는 것이다. 테슬라 전기자동차는 '바퀴달린 컴퓨터'라고 명명하기 적합한 전기자동차이며, 모든 소프트웨어가 단일 시스템으로 통합되기에 컴퓨터의 수가 적고 간결하며, 소프트웨어 통합도가 가장 높은 것을 특징으로 하며, 원격 조정으로 업그레이드 가능한 컴퓨터와 같은 자동차를 구현하였다. 그림 1-28은 테슬라(TESLA) 전기자동차의 모델 S 운전석을 나타내며, 그림 1-29는 테슬라 전기자동차 운전석 바로 옆에 위치한 터치 플레이 가능한 17인치[inch] 디스플레이를 나타낸다. 테슬라 자동차가 기존의 내연기관 자동차와 다른 점이 바로 자동차 운전석 바로 옆에 위치한 17인치[inch] 디스플레이와 그 기능이라고 정의 할 수 있을 것이다.

그림 1-28. 테슬라 전기자동차의 모델 S 운전석

그림 1-29. 테슬라 자동차의 17인치[inch] 디스플레이

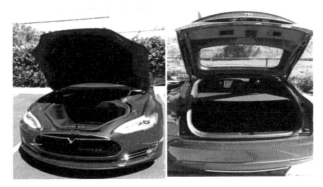

그림 1-30. 테슬라 전기자동차의 프렁크(좌측) 및 트렁크(우측)

17인치[inch] 디스플레이를 통하여 차량 전체의 상태를 체크하고 제어할 수 있으며, 배터리 상태, 이미지 센서, 블랙박스(Black Box), 인터넷 및 내비게이션(Navigation), 자율주행 운전 등이 모두 통합적으로 제어 가능한 특징이 있다. 즉 현재까지 자동차 기업이 생산하는 자동차는 차량이 중심적으로서 컴퓨터 및 소프트웨어가 포함된 각 부품을 교체하는 방식이지만, 테슬라 자동차는 통합적인 소프트웨어 설계를 통하여 터치 플레이 가능한 17인치[inch] 디스플레이를 통하여 마치 거대한 스마트 폰(Smart Phone)을 조정하는 것 같이 전기자동차를 제어하는 특징이 있다. 더불어 테슬라 자동차는 전기자동차의 혁신적인 설계를 통하여 차량의 앞에 짐

을 실을 수 있는 새로운 공간인 프렁크(Frunk: Front+Trunk
의 합성어)를 만들어 전방 충격을 가장 잘 흡수하고, 가장 넓은
수납공간을 가진 자동차를 만들게 되었다(그림 1-30 참고).

2) 세계 최대의 충전 인프라 구축

전기자동차의 상용화에서 커다란 걸림돌은 리튬-이온 배터
리의 에너지 저장 밀도의 한계로 주행거리가 짧다는 것이다.
따라서 전기자동차의 충전 인프라 구축은 필수적이라고 할 수
있다. 이러한 인프라 구축을 위채서 충전기의 표준(Standard)
전압, 표준 커넥터의 마련이 필요하며, 또한, 전기자동차의 주
행거리를 고려하여 수많은 충전소 설치가 필수적이라고 할 수
있다.

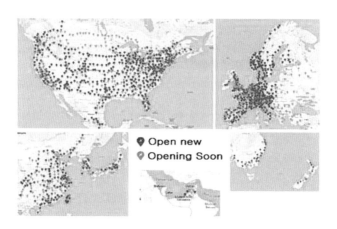

그림 1-31. 전 세계 테슬라(TESLA) 슈퍼충전소 현황

현재 전기자동차 분야에서 가장 앞서가는 기업이 바로 미국
의 테슬라(TESLA)社이며, 전 세계에 전기자동차 충전소 확충

에 상당하게 노력을 하고 있다. 테슬라社는 미국과 서유럽에 전기자동차 충전소 구축을 상당히 완료했으며, 중국, 일본, 멕시코, 호주, 대만, 아랍에미리트(UAE)의 대도시 및 고속도로를 중심으로 전기자동차 충전소 구축을 위해서 집중적인 투자로 세계 최대의 충전 인프라[1]를 구축하고 있으며, 현재 대한민국에도 슈퍼충전소가 14개 이상으로 설치 중에 있다(그림 1-31 참고).

현재 리튬-이온 배터리를 사용하여 세계 최고의 전기자동차 기술을 보유하는 테슬라 전기자동차의 경우 주행거리가 430km(평균 430km, 최대 512km, 한국정부 공인 378km)이며, 주행거리를 고려하면, 전기자동차 충전소의 확충이 필수적이라고 할 수 있을 것이다. 따라서 현재 테슬라(TESLA)社의 경우 미국과 서유럽, 중국, 일본 및 호주 등에 전기자동차 충전소의 집중적인 확충을 바탕으로 공격적인 마케팅을 펼치고 있으며, 전기자동차의 대표주자로 자리매김을 하고 있다.

3) 전세계 모든 전기자동차 중에서 가장 최고의 성능을 보인다. - 급속 충전, 최고속도 및 최장 주행거리

전기자동차를 상용화하는데 또 다른 가장 큰 문제점은 충전시간이라고 할 수 있을 것이다. 표 4는 세계최고의 기술을 보유한 테슬라(TESLA)社를 비롯하여 다수의 전기자동차 회사의 최고속도, 주행거리 및 완속(緩速)충전 시간 비교를 나타낸다. 테슬라(TESLA) 자동차는 현재 전기자동차 분야에서 최고속도와 최장 주행거리 달성을 통하여 전기자동차의 상용화를 성공하였으며, 더불어 급속충전을 위하여 슈퍼충전소(Supercharger, 그림 1-31 참조)를 전 세계 곳곳에 운영을

---

[1]테슬라 자동차 홈페이지 인터넷 사이트(2019년 2월 20일 기준)
https://www.teslamotors.com/supercharger

하고 있다.

현재 테슬라社의 급속충전의 경우 배터리 80%충전에 30분, 100% 충전에 1시간이 소요(현재는 20분까지 충전시간 단축시킴)되고 있어 이제까지 상용화된 전기자동차 중에서 가장 최고의 급속충전 성능을 보이고 있다.

표 4. 전기자동차 최고속도, 주행거리 및 완속 충전시간 비교

업체명	모델명	최고속도[km]	주행거리[km]	완속충전시간[H]
테슬라	MODEL S	250	430	8.0
현대	아이오닉	165	191	4~5
기아	레이EV	130	91	6.0
기아	쏘울EV	145	148	4.2
미쓰비시	I-Miev	130	160	7
GM	스파크EV	145	135	6~8
닛산	LEAF	145	135	8
BMW	i3	150	160	6~8
르노	SM3 Z.E.	135	135	6~8

4) 테슬라 자동차의 가장 큰 매력
  ### - 최고의 가성비, 경제성 및 저렴한 유지비

그럼 최종적으로 테슬라 자동차의 가장 큰 인기비결은 무엇인가?
아주 간단하게 이야기하면, 가성비(價性比, 가격대 성능 비) 및 유지비용이 가장 우수하다는 것이다.

기존의 테슬라社 모델 S 및 모델 X의 경우, 약 1억원 정도[2]의 매우 고가였다. 한마디로 벤츠, 페라리, BMW 등 최고급 사양의 자동차 가격과 맞먹어서 일반 대중(大衆)이 구입하기에는 경제적인 부담이 많았다. 하지만, 2016년 3월 테슬라 자동차는 가격이 약 1/2로 저렴한 모델 3[3]을 발표하였고, 예약판매를 하였다. 약 2년 후에나 자동차를 인수받을 수 있는데도 몇 주 만에 사전예약이 40만명을 돌파할 정도로 폭발적인 인기를 누리게 되면서, 전기자동차 업계의 돌풍을 일으키고 있다.

2년도 넘게 기다려야 차를 인수받는데, 왜 이렇게 인기가 있는 것일까? 그 이유는 간단하다. 일반적인 자동차 운전자에게 1억원 정도의 테슬라社 모델 S 및 모델 X는 매우 부담스러운 가격이지만, 약 1/2가격의 테슬라社 모델 3은 한마디로 대중들이 신형 자동차를 산다면, 그 정도는 지불할 용의가 충분히 있다는 것이다. 더욱이 기존의 휘발유 자동차와 비교하여 전기자동차의 경우 유지비가 상당히 저렴하다. 어쩌면 테슬라 자동차의 가장 큰 돌풍의 이유는 아주 간단하게 가성비(價性比)와 경제성 및 유지비가 최고로 좋기 때문이다.

테슬라(TESLA) 전기자동차가 돌풍(突風)을 일으키는 이유를 정리하면 다음과 같다.

- 첫째, 시각성이 탁월한 디스플레이 및 수납공간이 넓은 프렁크(Frunk)를 가지는 마치 휴대폰과 같은 신(新)개념 전기자동차를 구현에 성공함
- 둘째, 세계 최대의 충전 인프라
- 셋째, 급속 충전, 최고속도 및 최장 주행거리 등 전기자동차 중에서 최고의 성능
- 넷째, 최고의 경제성, 가성비 및 유지비

---

2) 미국에서 테슬라 자동차 모델 S 및 모델 X의 경우 8천만원~1억원 정도이며, 자율주행 기능이 추가된 경우 1억원 이상 이다.
3) 모델 3의 경우 가격은 1/2 정도이지만, 친환경 자동차의 정부지원 혜택에 따라서 1/2 이하가 될 수 있을 것으로 전망된다.

위의 크게 4가지 이유로 인하여 자동차를 새롭게 구입하려는 소비자의 마음을 흔들고 있는 것이다. 여기에다 테슬라 자동차의 차체(車體) 다자인도 상당히 매력적이어서, 남녀를 불문하고 모든 운전자를 유혹하고 있다.

그림 1-32는 현재 전기자동차 돌풍(突風)을 일으키고 있는 테슬라 전기자동차 모델3을 나타낸다. 모델3은 테슬라社가 대중화를 위해 선보인 중·저가 전기자동차 모델3의 주요사양은 다음과 같다. 최대 모터출력 204마력[HP], 배터리 용량 50[kWh], 1회 충전시 최대 주행거리 약 346[km], 제로백 0~100[km] 도달하는 시간 6초, 가격 35000달러 내지 44000달러(약 4000만원 내지 5000만원)로 책정되어서 현재 선풍적인 인기를 끌고 있으며, 이미 40만대 이상 예약판매가 이루어졌다.

그림 1-32. 테슬라社 대중화 전기자동차 모델 3

이제 테슬라(TESLA) 전기자동차는 특정 부유층을 위한 고가(高價) 자동차가 아닌 대중(大衆)의 니즈(needs)를 만족시키며, 완전 무(無)공해의 친환경 대중의 자동차로 변신에 성공한 것으로 보인다. 그래서 분명한 것은 조만간 테슬라 전기자동차를 대한민국 서울에서 자주 보게 될 것이고, 주변 사람들이 테슬라(TESLA) 전기자동차를 구입했다는 소식을 자주 듣게 될 것이다. 마치 2007년 스마트폰(Smart Phone)이 처음 나왔을 때,

모든 모임의 대화 주제가 스마트 폰이 되었던 것처럼, 사람들의 대화 주제가 테슬라 전기자동차가 될지도 모르겠다. 이제 거리를 지나면서, "우와!! 테슬라 자동차다!!"라는 말할 것이다. 분명한 것은 사람들의 관심과 환호!! 그 속에는 엄청난 기술적 혁신이 녹아있다는 것이고, 그 혁신이 우리의 눈앞에 현실로 다가왔기 때문이다.

그림 1-33. 2016년 3월 테슬라 자동차 모델3 사전 예약장 모습

02

테슬라(TESLA)라는 이름으로
펼쳐지는 전기차 혁명

테슬라 전기자동차 모델 S 주요구성
배터리, 앞·뒤 바퀴부분, 모터/기어박스/인버터 부분,
차체(車體) 부분으로 구성됨

2-1
150여개 특허(特許)를 앞세우고
한국 상륙작전 중

2017년 3월 15일!!

아마 이 날은 대한민국에서 전기자동차 역사상 가장 기념비적인 날이 될 것이다.

그림 2-1. 테슬라 전기자동차 경기도 하남스타필드 매장

바로 경기도 하남시에 위치한 하남 스타필드 매장(그림 2-1 참고)이 드디어 대한민국 1호 매장이 오픈(Open)했기 때문이고, 연일 수많은 사람들로 인해서 북적이고 있다. 테슬라(TESLA) 전기자동차가 뭐라고 이렇게 많은 사람들이 줄서고 있을까??

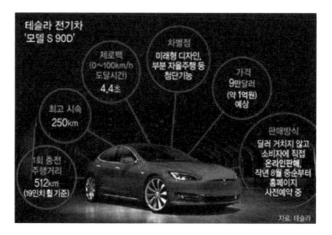

그림 2-2. 테슬라 전기자동차 모델 S의 주요 성능

그림 2-2는 테슬라 전기자동차의 대표모델인 모델 S(Model S)의 주요 성능을 나타낸다. 모델 S의 경우 1회 충전으로 430[km][1], 최고시속 250[km], 제로백 0~100[km][2] 도달하는 시간 4.4초, 최대출력 417마력[HP] 소음이 없는 이 멋진 전기자동차[3]...

1) 테슬라 전기자동차는 주행거리는 평균 430km, 최대 512km, 한국정부 공인 378km이다.
2) 2016년도에 테슬라(TESLA)社는 제로백이 2.5초인 모델 S를 출시하여서 진정으로 슈퍼카(Super Car)의 반열에 들어서게 되었다.
3) 모델 S(Model S)의 경우 길이 4979mm, 너비 1964mm, 높이 1435mm, 휠베이스 2960mm이다.

가격은 얼마일까?? 1대가 무려 약 "1억 3천만원"[4]이다.

중요한 것은 돈이 있다고 해도 이 차를 사기도 쉽지 않은 것이 현실이다. 적어도 몇 개월은 기다려야 겨우 인도받을까?? 그 마저도 테슬라社에서 안주면 더 기다려야 하고...

자동차	국가	시가총액 USD	시가총액 KRW
도요타 🏠	●	1713 억달러	194 조원
메르세데스 벤츠 🏠	▬	759 억달러	86 조원
폭스바겐 🏠	▬	718 억달러	81 조원
BMW 🏠	▬	569 억달러	64 조원
혼다 🏠	●	514 억달러	58 조원
테슬라 🏠	▬	499 억달러	56 조원
GM 🏠	▬	498 억달러	56 조원
포드 🏠	▬	445 억달러	50 조원
닛산 🏠	●	384 억달러	43 조원
현대차 🏠	⦂●⦂	333 억달러	37 조원

그림 2-3. 글로벌 자동차업계 시가총액
(2018년 1월)

세계에서 가장 이단아(異端兒)[5] 같은 자동차 회사인 테슬라 자동차는 이제 그냥 자동차 회사가 아니다. 2018년 1월 기준으로 시가총액 523억 달러로 세계 7위의 자동차 회사로 당당하게 등극하였다. 그리고 무엇보다 가장 중요한 것은 전기자동차 분야에서 세계 최고의 기술력을 보유하고 있는 자동차 회사이며, 미래에 가장 발전가능성이 높은 회사라고 평가받고 있다.

---

4) 한국에서 테슬라 전기자동차는 기본사양이 1억 2100만원이며, 풀 옵션은 1억 6100만원이다.
5) 이단아(異端兒) : 전통이나 권위에 맞서 혁신적으로 일을 처리하는 사람

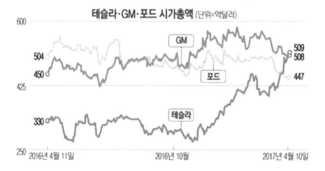

그림 2-4. 테슬라·GM·포드의 시가총액 비교
(2017년 4월 10일)

2017년 4월 10일을 기준으로 테슬라(TESLA)社는 미국의 대표적인 자동차 회사인 GM(General Motors) 및 포드(Ford)를 시가 총액에서 앞지르기도 하였다[6].

즉, 미래의 기대치가 반영된 주식의 가치로서는 이미 미국에서 최고의 자동차 회사인 GM(General Motors)社를 앞서는 것으로 인정받고 있는 것이다. 아직 자동차의 생산능력 및 판매실적에서는 테슬라(TESLA)社는 GM(General Motors) 및 포드(Ford)[7]에 한참 뒤처지고 있다. GM(General Motors)社는 연간 약 1000만대 자동차를 생산 및 판매하고 있으며, 94억 달러(10조 5280억원)의 매출을 기록하고 있으며, 포드(Ford)社 연간 약 460만대 자동차를 생산 및 판매하

6) 테슬라(TESLA)社 자율주행 운전중 배터리 폭발 및 자동차 사고 등으로 주가가 하락하였으며, GM보다 시가총액은 하락한 상태이다.
7) 2016년 기준으로 테슬라(TESLA)社의 생산능력은 GM社의 약 1/130, 포드(Ford)社의 약 1/60 로서 한참 못 미치는 생산능력을 보유하고 있다.

고 있으며, 46억 달러(5조 1520억원)의 매출을 기록하고 있다. 그러나 테슬라(TESLA)社는 연간 연 7만5230대에 불과하다[8].

테슬라(TESLA)社가 2016년 기준으로 중·저가형 자동차인 모델 3을 이미 40만대를 예약하고 있으며, 150여개의 등록특허를 바탕으로 미국, 유럽, 중국, 일본, 멕시코, 호주, 대만, 아랍에미리트(UAE)를 넘어서 한국까지 테슬라 전기자동차를 상륙(上陸) 중에 있으며, 대한민국도 이제 전기자동차 시대를 활짝 열게 되었다.

이러한 테슬라(TESLA)社 미국, 유럽, 일본, 중국 등을 중심으로 전 세계에 특허를 출원하고 있으며, 2017년 4월까지 미국에 총 158건의 특허를 등록하였다.

아래의 표 5는 2017년 4월까지 등록된 158건의 미국 등록 특허의 8가지 기술 현황을 나타낸다. 테슬라(TESLA)社의 158건의 미국 등록 특허를 살펴보면, 가장 많은 특허 및 디자인을 등록한 기술 분야는 "전기자동차의 차체(車體) 외관(세부기술1)" 이다. 테슬라(TESLA)社의 158건의 특허 중에서 27.8%에 달하는 44건의 특허가 "전기자동차의 차체(車體) 외관"에 관한 것이다.

그 다음으로 많은 특허를 출원한 기술 분야는 "① 배터리 관리 시스템(BMS: Battery Management System)(세부기술2)", "② 모터, 배터리의 냉각기술(세부기술3)" 및 "③ 배터리 배치기술(세부기술4)" 분야이다. 위의 세부기술2 내지 세부기술4 분야는 테슬라(TESLA) 전기자동차의 강력한 파워(Power)를 만드는 가장 핵심적인 기술이라고 할 수 있으며, 각각 25건~28건의 특허를 등록하였다.

---

8) 2017년 테슬라(TESLA)社 매출총액은 약 70억 달러(7조 8400억원)이다. 이 금액은 테슬라(TESLA) 자동차 및 태양광 사업인 솔라시티(Solar City)社의 매출 총액이 합쳐진 것이다. 테슬라(TESLA)社는 전기자동차의 생산능력 확충을 위하여 2017년에 25억 달러(2조 8000억원)를 투자 중이며, 2017년에 모델 S, 모델 X를 각각 47,000대, 50,000대를 생산할 계획이다.

표 5. 테슬라 자동차의 특허기술 현황)[9]

구분	세부적인 기술	미국 등록특허 (건수)	전체 등록특허 차지하는 비율
세부 기술1	전기자동차의 차체(車體) 외관	44건	27.8%
세부 기술2	배터리 관리 시스템 (BMS: Battery Management System)	28건	17.7%
세부 기술3	모터, 배터리 등의 냉각기술	27건	17.1%
세부 기술4	배터리 배치기술	25건	15.8%
세부 기술5	전력변환 및 모터기술	13건	8.2%
세부 기술6	배터리 충전기 기술	11건	7.0%
세부 기술7	전기자동차 제어 기술	5건	3.2%
세부 기술8	과전류 보호 기술	4건	2.5%

또한 13건의 특허를 등록한 "전력변환 및 모터기술(세부기술5)"과 11건의 특허를 등록한 "배터리 충전기 기술(세부기술6)"은 테슬라(TESLA) 전기자동차를 빠르게 급속충전(急速充電) 및 급가속(急加速) 할 수 있는 근본 기술이다.

표 5에서 테슬라의 8가지 특허 기술 현황을 살펴보면, 특

---

9) 테슬라社의 미국 등록특허 및 기술에 대한 분류는 본 필자(筆者)가 직접 수행한 것이다. 참고로, 테슬라社의 미국 등록특허 총 158건 중 157건은 세부기술1 내지 세부기술8로 되어있으며, 기타 1건은 자동차 사이에 통신에 관한 것이다.

이한 점은 자율주행(Automatic Driving)[10] 및 오토파일럿(Autopilot)[11]과 관련된 특허는 단 1건도 없다는 것이다.

테슬라 전기자동차는 세계 최초로 자율주행(Automatic Driving) 및 오토파일럿(Autopilot)을 상용화하였다. 하지만, 2016년 5월 7일, 미국 플로리다(Florida) 주(州)에서 테슬라의 모델 S를 자율주행으로 운전하던 한 운전자가 트레일러(trailer)와 충돌하여 사망하는 사고가 일어나게 되었다.

그림 2-5는 테슬라 전기자동차의 자율주행 사망사고 상황도

---

10) 자율주행(Automatic Driving) : 운전자가 핸들과 가속페달, 브레이크 등을 조작하지 않아도 스스로 목적지까지 찾아가는 자동차를 말한다. 엄밀한 의미에서 사람이 타지 않은 상태에서 움직이는 무인자동차(driverless cars)와 다르지만, 실제로는 혼용되고 사용되고 있다.
자율주행 자동차가 실현되기 위해선 △차간 거리를 자동으로 유지해 주는 기술(HDA) △차선이탈 경보 시스템(LDWS) △차선유지 지원 시스템(LKAS) △후·측방 경보 시스템(BSD) △어드밴스트 스마트 크루즈 컨트롤(ASCC) △자동 긴급제동 시스템(AEB) 등의 자율주행 기술이 필요하다.
11) 오토파일럿(Autopilot) : 비행 장치의 조종에서 사용하는 용어이며, 사람에 의한 것이 아니라 기계에 의해서 자동으로 비행 장치를 항공하는 시스템을 의미한다. 테슬라(TESLA)社는 오토파일럿을 자사(自社)의 전기자동차 반(半)자율주행 모드의 명칭으로 사용하고 있다. 테슬라(TESLA) 오토파일럿(Autopilot)은 완전히 자율주행(Automatic Driving)을 의미하는 것이 아니라 운전 중에 주로 고속도로 모드를 위한 운전자 지원을 위한 반(半)자율주행 모드를 의미한다. 테슬라(TESLA) 전기자동차에서 오토파일럿 모드를 사용하는 경우 약 30초 내지 60초 이상 운전대에서 손을 놓은 경우, 운전대를 잡으라는 경고메시지가 나타나며, 지속적으로 이러한 경고 메시지를 무시하는 경우 테슬라 전기자동차가 멈추며, 오토파일럿 모드를 사용하지 못하게 된다. 테슬라(TESLA)社 오토파일럿(Autopilot) 모드는 1)오토크루즈(Auto Cruise, 속도를 일정하게 하는 모드) 2)오토 스티어링(Auto Steering, 차선을 따라가는 모드) 3)오토 파킹(Auto Parking, 4)자율 차선 변경 모드 등을 통합하는 운진 지원 기능이다. 테슬라(TESLA)社는 오토파일럿 모드를 베타 테스터(Beta Tester)로서 사용 중에 사고가 발생하면 그 책임이 운전자에게 있으며, 멈춤 표지판, 공사 중, 도로의 차선이 희미한 경우 및 악천 후 등의 특별한 상황에서는 테슬라(TESLA)社의 오토파일럿 기능이 완전하게 동작하는 것은 아니며, 엘론 머스크 회장도 이 경우는 오토파일럿 기능을 사용하지 말아달라고 특별히 당부하고 있다.

를 나타낸다. 미국 플로리다(Florida) 주(州)의 고속도로에서 자율주행 모드로 달리던 모델 S가 맞은편에서 좌회전하던 트레일러의 흰색 옆면을 밝은 하늘과 구분하지 못한 것이 원인으로 분석되고 있다.

이를 개기(開基)로 테슬라(TESLA)社는 전기자동차의 자율주행(Automatic Driving) 기능과 관련된 성능을 업그레이드(Upgrade)하였다.

기존의 테슬라(TESLA) 전기자동차는 영상을 단순하게 인식하는 카메라(Camera)의 정보를 바탕으로 자율주행 하였지만, 2016년 5월 테슬라(TESLA) 모델 S의 사망사고 이후에 카메라(Camera)보다는 레이더(Radar)의 기능을 더욱 강화하는 방안으로 자율주행(Automatic Driving) 기능을 업그레이드(Upgrade) 하였다.

그림 2-5. 테슬라 전기자동차의 자율주행 사망사고 상황도
(2016년 5월 7일)

2017년까지 테슬라(TESLA) 전기자동차의 자율주행과 관련된 사고는 언론에 총 3건[12]이 소개되고 있다.

---

12) 2016년 5월 1일 : 테슬라社 모델 S, 플로리다(Florida) 주(州) 고속
　　　　　　　　　　 도로에서 자율주행 중 첫 사망사고 발생
　　2016년 7월 01일 : 테슬라社 모델 X, 펜실베니아(Pennsylvania)
　　　　　　　　　　 주(州) 고속도로에서 전복사고 발생
　　2016년 7월 11일 : 테슬라社 모델 X, 몬타나(Montana) 주(州)
　　　　　　　　　　 도로 주변에 말뚝을 인식하지 못해서 사고 발생

2016년 5월 테슬라(TESLA) 모델 S의 사망사고는 테슬라(TESLA)社의 자율주행 기능에 대하여 현재 미국에서 재(再)조사 및 독일에서는 자율주행 및 오토파일럿 기능은 정식적으로 인가받지 못하고 있다.

그림 2-6. 테슬라 전기자동차의 자율주행 및 오토파일럿 운행모드

그림 2-7. 테슬라 vs 구글의 자율주행 시스템 비교

테슬라(TESLA) 전기자동차의 모든 특허를 검토한 표 5에서도 확인할 수 있듯이, 테슬라(TESLA)社는 자율주행(Automatic Driving) 및 오토파일럿(Autopilot)과 관련된 특허는 단 1건도 출원하지 않았다.

그림 2-6은 테슬라 전기자동차의 자율주행 및 오토파일럿 운행모드를 나타내며, 그림 2-7은 테슬라 vs 구글의 자율주행 시스템 비교한 것이다.

현재 전기자동차의 자율주행(Automatic Driving)과 관련되어 세계 최고의 기술을 보유한 구글(Google)社는 라이더(LIDAR: Light Detection And Ranging)라는 360도를 회전하며 열장애를 감지하여 3차원(3 Dimensional) 지도를 변환하는 레이저 센서(Laser Sensor)라는 핵심적인 기술을 완성하였다.

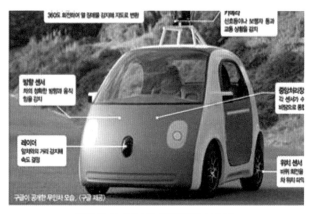

그림 2-8. 구글의 자율주행 시스템

그림 2-8은 구글의 자율주행 시스템을 나타낸다.

구글(Google) 자동차의 머리 위에서 360도 회전하는 라이더(LIDAR, Laser Sensor)의 가격은 약 75,000달러(약 8,400만원)으로서 현재까지 상용화되기에 상당히 고가(高價)이며, 자율주행을 위한 전체 센서(Sensor) 가격만 총 1억 2천만원에 정도에 이른다. 2017년 1월, 구글(Google)社의 자회사인 웨이모(WAYMO)社는 연구개발을 통하여 라이더(LIDAR, Laser Sensor)의 가격을 90% 절감한 약 7,500달러(약 840만원) 개발에 성공하였다고 발표하였다.

하지만, 테슬라(TESLA)社의 카메라 및 레이저 시스템을 바탕으로 하는 오토파일럿(Autopilot) 시스템은 12개의 장거리 초음파 센서와 반(半)자율주행 실현을 위한 전방 인지 레이더(radar) 시스템 및 9개의 영상 카메라로 구성되며, 오토파일럿(Autopilot)은 8,000달러(약 900만원)으로서 상당히 저렴하게 상용화한 것이 가장 큰 장점이다.

그림 2-9. 테슬라 측면 카메라(상측) 및 정면 카메라(하측) 위치

2-2
차체(車體) 외관과 관련된
디자인 및 특허 기술

테슬라 전기자동차는 무엇보다 차체(車體) 외관이 많은 사람의 가슴을 설레게 할 정도로 아름다운 것이 가장 큰 특징이다. 다음장에서 테슬라의 대표생산차량 4가지를 살펴보겠다. 로드스터, 모델S, 모델X, 모델3 등을 통해서 테슬라의 외형이 얼마나 매력적인지 직접 확인할 수 있다.

표 6. 테슬라 생산차량 비교

구분	테슬라 생산차량	출시	특징
로드스터 (Roadster)		2006년 7월	2인승 스포츠카 (현재 생산 및 판매 중단)
모델 S		2009년 3월	5인승 고급세단 판매가 (미국기준) 약 7만 5천 달러 (약 9천만원)
모델 X		2012년 2월	7인승 SUV 판매가 (미국기준) 약 8만 달러 (약 9천 5백만원)
모델 3		2013년 3월	5인승 대중적인 차량 판매가 (미국기준) 약 3만 5천 달러 (약 4천 2백만원)

이렇게 테슬라(TESLA)의 독특한 아름다움에 대해서 테슬라(TESLA)社는 모두 디자인[1] 및 특허를 통하여 독점적으로 그 권리를 보호하고 있으며, 전체 등록특허 중에서 27.8%를 차지할 정도로 가장 많은 부분을 차지하는 기술이라고 할 수 있다. 테슬라(TESLA)社는 테슬라의 독특한 이미지를 자신의 지식재산권(IP: Intellectual Property)로 보호하기 위한 전략을 사용했다. 이렇게 자사(自社)의 고유한 이미지를 만드는 전략을 트레이드 드레스(Trade Dress)라고 하며, 타사(他社)의 제품과 구별되는 자사(自社)만의 독특한 외관, 모양, 형상 및 이미지를 의미하며, 테슬라(TESLA)社는 이를 위하여 가장 집중적으로 노력한 것으로 분석된다.

표 6과 같은 아름다운 테슬라(TESLA)의 전기자동차 차체(車體) 외관은 누구나 한번은 베껴보고 싶지만, 테슬라社는 전기자동차와 관련된 거의 대부분 차체(車體) 외관을 디자인 및 특허로 확보한 상태이다.

그림 2-10 및 그림 2-11은 미국 등록 디자인 특허 USD683286호로서 현재 테슬라(TESLA) 모델 S의 외관으로 테슬라社의 회장인 엘론 머스크(Elon Reeve Musk)가 직접 디자인한 것이다.

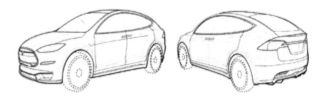

그림 2-10. 테슬라社의 자동차 외관
디자인 특허 USD683286호

---

1) 한국의 경우 "특허"와 "디자인"이 각각 다른 법률 체계를 갖지만, 미국의 경우 "디자인 특허"로 디자인이 특허의 일부로서 같은 법률체계를 갖는다. 하지만, 디자인은 형상·모양·색채 등의 외관을 보호하는 것으로서 한국과 미국의 디자인 보호 범위는 실질적으로 동일하다.

(12) **United States Design Patent**   (10) Patent No.:   **US D683,268 S**
Musk et al.   (45) Date of Patent: ** May 28, 2013**

(54) **VEHICLE**

(75) Inventors: **Elon Reeve Musk**, Los Angeles, CA
(US); **Franz von Holzhausen**, Malibu,
CA (US); **Bernard Lee**, Aliso Viejo, CA
(US); **David Tadashi Imai**, Los Angeles,
CA (US)

(73) Assignee: **Tesla Motors, Inc.**, Palo Alto, CA (US)

(**) Term: **14 Years**

(56)   **References Cited**

U.S. PATENT DOCUMENTS

D629,714 S * 12/2010 Reichman et al. D12/92
D635,059 S * 3/2011 Putschli et al. D12/92
D676,789 S * 2/2013 Song et al. D12/92

* cited by examiner

Primary Examiner — Melody Brown
(74) Attorney, Agent, or Firm — Patent Law Office of David
G. Beck

(57)   **CLAIM**
The ornamental design for a vehicle, as shown and described.

그림 2-11. 테슬라社의 자동차 외관
디자인 특허 USD683286호
(창작자: 엘론 머스크 회장)

그림 2-12. 테슬라社의 엘론 머스크(Elon Reeve Musk) 회장

그림 2-12는 테슬라(TESLA)社의 회장인 엘론 머스크로서 전기자동차의 전체적인 사업만이 아니라 차체(車體) 디자인과 관련하여 직접 아이디어 제안 및 창작을 주도하였다.

그림 2-13은 테슬라 전기자동차 차체(車體) 외관 디자인으로

서, 테슬라(TESLA)社 대표적인 이미지인 T자를 자동차에 강조
한 것이다. 테슬라(TESLA)社는 자사(自社)의 철학(哲學)이 녹
아있는 전기자동차를 미국 등록 디자인 특허 USD775005호,
USD775006호 및 USD780653호로 등록하였다.

그림 2-13. 테슬라社의 자동차 외관
디자인 특허 USD775005호,
USD775006호 및 USD780653호

그림 2-14. 테슬라社의 전기자동차 휠(Wheel) 디자인 특허
USD669008호, USD660219호,
USD766802호 및 USD774435호

 이렇게 자사(自社)의 고유한 이미지를 만드는 전략을 트레
이드 드레스(Trade Dress)[2]라고 하며, 타사(他社)의 제품과

2) 트레이드 드레스(Trade Dress) : 기존의 지적재산인 디자인(Design),
상표(Trade Mark)와는 구별되는 개념으로, 디자인이 제품의 기능을 위한

구별되는 자사(自社)만의 독특한 외관, 모양, 형상 및 이미지를 의미하며, 테슬라(TESLA)社는 전체 158건 특허 및 디자인 중에서 44건에 해당하는 27.8%가 차체(車體) 외관에 관한 것이다.

즉 테슬라(TESLA)社는 전기자동차의 외관만이 아니라 휠(Wheel)만 봐도 "아!! 그 유명한 테슬라 전기자동차구나!!"라는 이미지를 만들어내는데 가장 성공한 자동차 기업이라고 할 수 있을 것이다.

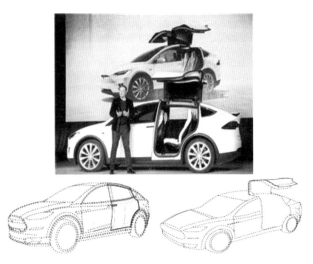

그림 2-15. 테슬라社의 전기자동차 문(Door)
디자인 특허 USD678154호

것이고, 상표는 식별표시를 중시한다면 트레이드 드레스는 제품 또는 상품의 장식에 주안을 두는 개념이다. 타사(他社)의 제품과 구별되는 자사(自社)만의 독특한 외관, 모양, 형상 및 이미지를 의미한다. 기업이 트레이드 드레스(Trade Dress) 전략을 구사하는 이유는 소비자에게 특별한 상품이라는 확고한 인식을 가지게 되고, 브랜드 파워(Brand Power)가 형성되기 때문이다.

그림 2-16. 테슬라社 모델 X 팔콘 윙(Falcon Wing)

그림 2-17. 초음파 센서(상측) 및 이의 동작원리(하측)

그림 2-15는 미국 등록 디자인 특허 USD678154호로서 현

───────────────

3)그림 2-16의 초음파 센서는 일반적인 초음파 센서로서 테슬라 전기자
동차에서 사용된 초음파 센서는 아니다.

재 테슬라(TESLA) 모델 S 및 모델 X의 자동차 문(Door)으로서 역시 테슬라社의 회장인 엘론 머스크(Elon Reeve Musk)가 직접 디자인한 것이다.

특히 테슬라 전기자동차인 모델 X의 경우 마치 독수리가 날개를 펴는 형상으로 설계되어 팔콘윙(Falcon Wing)으로 설계가 되었고, 매우 협소하게 주차된 공간에서도 '문콕'없이 열리도록 하는 것을 특징으로 한다.

그림 2-16은 테슬라社 모델 X 팔콘윙(Falcon Wing)을 나타내며, 특히 테슬라 모델 X가 매우 협소하게 주차된 공간에서도 '문콕(문이 옆 차량에 부딪치는 현상)'없이 열리는 이유는 다음과 같다. 일반적인 자동차 문(Door)에는 하나의 힌지(Hinge)만 동작하지만, 모델 X의 팔콘윙(Falcon Wing)은 두 개의 힌지(Hinge)가 동작하며, 팔콘윙의 문(Door)이 열릴 때 단순히 넓은 아치를 그리는 것이 아니라 문(Door)이 위로 올라가면서, 동시에 옆으로 뻗을 수 있는 것을 가능하게 하였다.

무엇보다 테슬라 모델 X는 차량에 붙어있는 초음파 센서(Ultrasonic Sensor)를 통해서 팔콘윙(Falcon Wing)의 측면과 천장의 높이를 계산하며, 자동으로 팔콘윙(Falcon Wing)이 열리는 각도와 높이를 정교하게 조정한다.

그림 2-17은 일반적인 초음파 센서 및 이의 동작원리를 나타낸다. 초음파 센서는 크게 발신부 및 수신부로 구성되어 있으며, 초음파 발신부에서 생성된 초음파는 물체에 부딪쳐서 반사되어 돌아오는 초음파를 수신하여 물체를 인식하는 장치이다.

테슬라社는 모델 X 팔콘윙(Falcon Wing)에 초음파 센서를 적용하면서, 전기자동차의 철판을 투과시킬 수 있는 초음파 센서를 개발 및 적용 하였다고 엘론 머스크(Elon Reeve Musk)가 직접 밝혔다.

테슬라(TESLA) 자동차의 특허기술 현황을 나타내는 표 5에서도 확인할 수 있듯이 테슬라社는 전체 특허 및 디자인 중에서 전기자동차의 외관 및 차체(車體)와 관련된 특허 및 디자인을 가장 많이 출원하였다는 것을 확인할 수 있다.

그림 2-18. 테슬라社의 급속 충전기 커넥터
디자인 특허 USD694188호

테슬라社의 총 158건 특허 및 디자인 중에서 27.8%에 이르는 44건이 바로 전기자동차의 외관 및 차체(車體)에 관한 특허 및 디자인이며, 이 44건을 살펴보면, 한마디로 테슬라社는 전기자동차와 관련된 세부적인 모든 부분을 독점적인 권리로 보호하고 있다. 즉 아주 간단하게 말해서 테슬라社는 디자인 및 트레이드 드레스(Trade Dress) 경영을 강력하게 추구하고 있으며, 자사(自社)의 고유한 이미지를 만들고, 독점적으로 보호하는 것이 한마디로 가장 성공한 기업이라고 할 수 있다. 테슬라(TESLA) 전기자동차의 아주 작다고 생각하는 부분 하나하나, 뜯어보자면 모두 이 테슬라社의 트레이드 드레스(Trade

Dress) 전략이 녹아있다는 것을 확인할 수 있다. 아니 조금 심하게 말해서 전기자동차의 작은 부분에서도 테슬라(TESLA) 답게 만들고, 누가 봐도 아 테슬라구나!! 라는 감탄사가 나오게 만들고 있다.

그림 2-18은 테슬라社의 급속충전기 커넥터 디자인 특허 USD694188호를 나타낸다. 즉 테슬라社의 전기자동차 급속 충전기만 보더라도, 마치 공상과학 영화인 ET 얼굴처럼 생기게 만들었다.

그림 2-19. 영화 E.T. [4]

그림 2-20. 테슬라社의 전기자동차 외부 충전 커넥터
특허 US8708404호 및 US8807642호

그림 2-20은 테슬라社의 전기자동차 외부 충전 커넥터 특허 US8708404호 및 US8807642호를 나타내며, 그림 2-21은 테슬라社의 선루프(Sunroof) 특허 US8708404호 및 US8807642호를 나타내며, 그림 2-22는 테슬라社의 자동차 문의 손잡이 특허 US8807807호 및 US9103143호를 나타내며, 그림 2-23은 테슬라社의 자동차 의자 디자인 특허 USD773197호를 나타낸다.

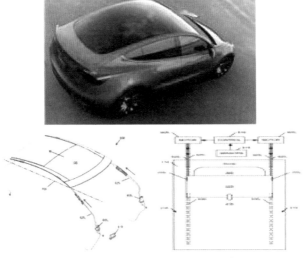

그림 2-21. 테슬라社의 선루프(Sunroof)
특허 US8708404호 및 US8807642호

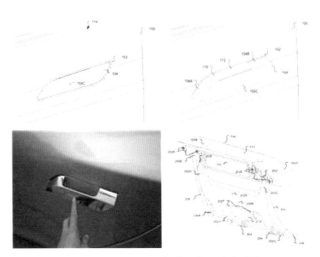

그림 2-22. 테슬라社의 자동차 문의 손잡이
특허 US8807807호 및 US9103143호

그림 2-23. 테슬라社의 자동차 의자
디자인 특허 USD773197호

　필자(筆者)는 테슬라 전기자동차의 특허 및 디자인을 분석할
수록 "정말 완벽하게 테슬라社는 테슬라 전기자동차의 독창성
을 독보적으로 확보하고 있구나!!"라는 것을 절실히 느낄 수 있
었다.
　자사(自社)의 고유한 이미지를 만들고, 독점적으로 보호하는
테슬라社의 트레이드 드레스(Trade Dress) 전략은 먹혀들고
있으며, "타사(他社)의 전기자동차와 뭔가 다르구나!!"라는 확
고한 이미지를 심는데 성공하고 있다.
　어쩌면 세계적인 회사는 단순히 기술만 좋다고 그냥 되는 것이 아니다.

회사의 철학(哲學)을 디자인에 디테일(Detail)하게 담아내고, 회사의 기술(技術)을 특허에 디테일(Detail)하게 담아내는 철저한 노력이 함께하기에 세계 최고의 회사로 성장하고 있음을 느낄 수 있었다.

테슬라 자동차는 그냥 5~6건 어쩌다 좋은 특허와 디자인을 갖은 회사가 아니고, 158건의 테슬라(TESLA)社의 철학과 기술이 녹아있는 디자인과 특허를 갖춘 세계 최고의 전기자동차 회사이다.

그래서 본 필자(筆者)는 테슬라 자동차의 특허와 디자인을 분석하면 할수록 느끼는 점은
"역시 테슬라(TESLA) 자동차구나...!!"
"특허, 디자인 등 지식재산에 있어서도 다른 회사와 확실하게 차별화되는 엄청난 강점(强點)이 있구나....!!"라는 것을 확인할 수 있었다.

2-3
모터 냉각과 관련된
특허 기술

    앞에서 소개한 것처럼 아름다운 테슬라(TESLA) 전기자동차를 만들었고, 회사의 철학(哲學)과 기술(技術)을 디자인과 특허에 고스란히 담아내며, 가솔린(휘발유) 및 디젤 자동차가 아니라 전기자동차의 세계적인 돌풍을 일으키는 테슬라社를 이끄는 인물이 바로 엘론 머스크(Elon Reeve Musk) 회장이다.

그림 2-24. 테슬라社의 엘론 머스크(Elon Reeve Musk) 회장

엘론 머스크를 한 마디로 소개하면 다음과 같다.

"현재 전 세계 자동차 회사를 떨게 만드는 인물.."

"자동차의 정의를 근본적으로 바꾼 인물.."

엘론 머스크(Elon Reeve Musk)는 미국을 이끄는 세계적인 발명가이자 기업가인 마이크로소프트(MS)社의 빌 게이츠(William Henry Gates III)[1](1955년~현재)와 애플(Apple)社의 스티브 잡스(Steve Jobs)[2](1955년~2011년) 및 페이스북(Facebook)의 마크 주커버그(Mark Zukerberg)[3]의 계보를 있는 미국의 발명가이자 사업가이다.

첫째 : 전기자동차의 모터(Motor)가 가진 가장 근본적인
    취약점인 모터의 파워(Power)가 약한 것을
    근본적으로 향상
둘째 : 모든 소프트웨어가 합리적인 단일 시스템으로
    통합된 바퀴달린 컴퓨터를 구현

---

1) 빌 게이츠(William Henry Gates III: 1955년~현재): 하바드 대학을 중퇴하고, BASIC 프로그램을 개발하고, 현재 모든 IT 기기의 표준 운영체제인 윈도우(Widow)를 발명하여 세계 최대의 소프트웨어 기업인 마이크로소프트(Microsoft)社를 창업하고, 손꼽히는 세계 최고의 갑부이자, 기부활동을 하는 미국의 기업인

2) 스티브 잡스(Steve Jobs: 1955년~2011년): 리드(Reed) 대학을 중퇴하고, 매킨토시 컴퓨터, 아이폰, 아이패드, 아이팟을 개발하여, 핸드폰의 개념을 스마트폰으로 변화시키고, 우리의 삶의 패턴을 스마트폰 안에서 새롭게 구현한 발명가, 손꼽히는 갑부이며, 미국의 기업인

3) 마크 주커버그(Mark Zukerberg: 1984년~현재): 하바드 대학을 중퇴하고, 그의 친구들과 함께 세계 최대의 소셜 네트워크 웹사이트인 페이스북(Facebook)를 창업하여 새로운 인터넷 세상을 구축하며, 자신의 보유한 주식의 99%를 기부한 미국의 프로그래머이자 기업인

본 필자(筆者)는 특허의 전문가로서 미국의 세계적인 기업가를 바라보면, 특허(特許)와 발명(發明)을 통한 미국의 기업가 정신은 우리나라가 반드시 받아들여야 하는 근본적인 정신임을 깨닫게 된다.[4]

엘론 머스크가 만들어 가는 아름다운 테슬라 자동차는 기술적으로 무엇이 다른가??

석·박사 과정에서 전기기계(모터 및 발전기 등) 및 전력전자(전력변환)을 전공(專攻)한 필자(筆者)가 강조하고 싶은 첫째 포인트(Point)는 바로 테슬라 전기자동차는 "모터(Motor)가 가진 가장 근본적인 취약점인 모터의 파워(Power)가 약한 것을 근본적으로 향상시켰다"는 점이고, 테슬라 전기자동차의 특허(特許)를 바라보면 볼수록 가장 감동되는 부분이다.

간단하게 둘째 포인트(Point)인 "모든 소프트웨어가 합리적인 단일 시스템으로 통합된 바퀴달린 컴퓨터를 구현한 것"을 먼저 설명하자면, 테슬라 전기자동차의 경우 기존의 내연기관 자동차와 다른 방식의 설계를 채택하였다. 기존의 자동차 생산방식은 금속판을 찍어서 틀을 만들어 내고, 용접하고, 페인트칠을 하고, 모든 인테리어를 마친 후에 최종적으로 모든 자동차를 조립하는 방식을 채택하고 있다. 현재의 내연기관 자동차는 수십 개의 컴퓨터가 모여서 1개의 자동차로 디자인 되어있다. 대략 60~70개의 개별로 동작하는 컴퓨터, 20여개 회사에서 제작된 각기 다른 소프트웨어 및 130[kg]이 넘는 전선으로 구성되어 있다.

하지만, 테슬라 전기자동차의 혁신은 바로 기존의 자동차 제조 방식과 전혀 다른 설계시스템으로서 자동차를 움직이는 모든 소프트웨어가 합리적인 단일 시스템으로 통합되었다

---

4) 대한민국은 현재 중국, 미국 및 일본에 이어서 세계 4위의 특허출원 국가이다. 하지만, 원천기술 및 특허의 부족으로 아일랜드, 싱가포르 및 중국에 이어서 세계 4위의 국제 특허수지 적자국(赤字國)이다. (참고, 한국이 해외에 지급한 특허 사용료 - 2013년 : 120억 3800만 달러/ 2012년 : 110억 5200만 달러/ 2011년 : 99억 달러/ 2010년 : 102억 3400만 달러/ 2009년 84억 3800만 달러)

는 것이다. 테슬라 자동차는 '바퀴달린 스마트폰'이라고 명명하기 적합한 전기자동차이며, 모든 소프트웨어가 단일 시스템으로 통합되기에 컴퓨터의 수가 적고 간결하며, 소프트웨어 통합도가 가장 높은 것을 특징으로 하며, 원격 조정으로 업그레이드 가능한 컴퓨터와 같은 전기자동차를 구현하였다는 것이다. 따라서 이러한 둘째 포인트(Point)도 상당히 혁신적인 발전일 것임에는 분명하다. "소프트웨어 통합도가 가장 높은 바퀴달린 컴퓨터의 구현"도 분명 진정으로 위대한 진보이다. 하지만, 특허의 전문가이고, 전기기계 및 전력전자 분야 전문가인 필자(筆者)의 눈에 들어오는 테슬라 자동차의 기술(技術) 및 특허(特許)의 위대함은 바로, 테슬라 전기자동차가 컴퓨터로서 완벽함(둘째 포인트)이 아니라 자동차로서 완벽한 파워(Power)를 구현했다는 것(첫째 포인트)이다. 어쩌면, 테슬라 전기자동차가 최고시속 250[km], 제로백 0~100[km]를 도달하는 시간 4.4초[5], 최대출력 417마력[HP]은 분명하게, 전기모터(Electric Motor)에 의해 구현되기가 가장 어려운 부분이라고 할 수 있다.

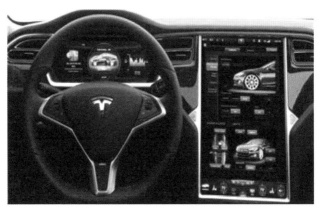

그림 2-25. 테슬라 전기자동차 모델 S 운전석

5) 2016년도에 테슬라(TESLA)社는 제로백이 2.5초인 모델 S를 출시하여서 진정으로 슈퍼카(Super Car)의 반열에 들어서게 되었다.

그림 2-25는 테슬라 전기자동차 모델 S 운전석을 나타낸다.

테슬라 전기자동차 모델 S(Model S)의 운전석을 바로 옆을 보면, 터치 플레이 가능한 17인치[inch] 디스플레이가 보인다. 이 17인지[inch] 디스플레이를 통하여 차량 전체의 상태를 체크하고 제어할 수 있으며, 배터리 상태, 이미지 센서, 블랙박스(Black Box), 인터넷 및 내비게이션(Navigation)이 모두 통합적으로 제어 가능하다는 것을 잘 알 수 있다.

하지만, 여기까지만 보았다면, 테슬라 전기자동차가 컴퓨터로서 완벽하며, 매력적인 17인치[inch] 디스플레이만 본 것이다.

"진정 테슬라(TESLA) 전기자동차에 대해서 솔직히 아는 게 없는 것이다..."

그럼 여기서 이 책을 읽는 독자(讀者) 분에게 가장 근본적인 질문을 해보겠다. 테슬라 전기자동차는 "왜?? 회사 이름이 테슬라(TESLA)일까?"

테슬라社의 이름은 유도전동기(IM: Induction Motor) 아버지인 니콜라 테슬라(Nikola Tesla)[6]의 이름에서 비롯된 것이다. 그리고 현재 이 세상에는 2가지 종류의 전기자동차 회사가 있는데, 첫째, 영구자석 동기전동기(PMSM: Permanent Magnet Synchronous Motor)[7]를 사용하는 자동차 회사와

---

6) 니콜라 테슬라(Nikola Tesla: 1856년~1943년): 교류(AC) 전류로 동작하는 유도 전동기 및 교류 시스템, 테슬라 코일(특고압 승압회로) 발명하였고, 라디오, 레이더 및 무선전력 전송 발전에 기여한 오스트리아 헝가리 제국 출신의 미국 과학자, 미국 에디슨 연구소에서 수년간 에디슨 아래에서 연구도 하였지만, 에디슨과 연구 성향(性向)이 달라서 그만두었으며, 철도 사업가인 웨스팅하우스(Westinghouse)와 손잡고 교류(AC) 시스템을 이용하여 전력사업을 발전에 기여하였고, 후대의 과학자들이 그의 공로를 기념하여 자기장의 단위를 테슬라[T]로 명명(命名)하였다.

7) 영구자석 동기전동기(PMSM: Permanent Magnet Synchronous Motor): 고정자는 권선이 감겨져 있는 강판이며, 회전자가 영구자석으로 되어있기에 제어가 잘 되는 것이 가장 큰 장점이다.

둘째, 유도전동기(IM: Induction Motor)[8]를 사용하는 회사로 구분할 수 있다.

간단하게 말하면, 현재 전 세계 대부분의 전기자동차 회사 토요타, GM, 미쓰비시, 닛산, 현대·기아 등의 대부분의 회사는 모두 영구자석 동기전동기(PMSM)를 사용하여 전기자동차를 상용화하고 있다. 하지만, 테슬라社는 전 세계에서 오직(Only) 유일하게 유도전동기(IM)를 사용하여 전기자동차를 상용화한 회사라는 점이 가장 큰 차이점이다.

전기기계 및 전력전자 분야 전문가인 필자(筆者)가 간단하게 설명하자면, 영구자석 동기전동기(PMSM)는 고정자는 권선이 감겨져 있는 강판(鋼板)이며, 회전자가 영구자석으로 되어있기에 제어가 잘 되는 것이 가장 큰 장점을 가진다. 반면, 유도전동기(IM)는 고정자는 권선이 감겨져 있는 강판(鋼板)이고, 회전자가 도체[정확히, 알루미늄 다이케스팅(Aluminum Diecasting)]로 되어있으며, 회전자의 회전속도가 동기속도 보다 늦기에 제어가 잘 되지 않는 점이 약점이 있는 모터(전동기)이다. 표 7은 전기자동차에 사용되는 주요 모터인 유도전동기(IM) 및 동기전동기(PMSM)를 비교한 것이다.

영구자석 동기전동기(PMSM) 또는 유도전동기(IM) 모두 가장 큰 단점은 바로, 기존의 가솔린(휘발유) 또는 디젤 자동차의 엔진과 비교하여 출력이 매우 낮다는 것이다. 모터(Motor)는 일반적으로 마력(HP: Horse Power)[9]을 단위로 쓰는데, 1마력[HP]은 약 750[W]이다.

일반적으로 중형 자동차가 100마력[HP] 내·외이고, 대형차는 200~300마력[HP]이며, 스포츠카가 400마력[HP] 이상이 필요

---

8) 유도전동기(IM: Induction Motor): 고정자는 권선이 감겨져 있는 강판이고, 회전자가 도체[정확히, 알루미늄 다이케스팅(Aluminum Diecasting)]로 되어있으며, 회전자의 회전속도가 동기속도 보다 늦기에 제어가 잘 되지 않는 점이 약점이다.

9) 마력(HP: Horse Power) : 말 한 마리가 내는 힘의 개념을 모터 또는 엔진의 출력으로 도입한 개념으로, 1마력[HP]은 약 750[W]이다.

표 7. 전기자동차에 사용되는 주요 모터 비교[10]

구분	유도전동기(IM)	영구자석 동기전동기(PMSM)
모터형상		
적용 상태	EV에 상용화됨	주로 HEV에 상용화됨
특징	• 저비용, 단순구조 • 내구성이 우수 • PMSM 대비 제어특성 및 효율이 낮음	• 저소음/고효율/경량 • 제조비용이 고가 • 유도전동기 대비 온도특성이 불리

한 것을 가만하면, 동기전동기(PMSM) 또는 유도전동기(IM)라는 모터의 가장 큰 약점은 근본적으로 100마력[HP]을 넘기가 어렵다는 것이다. 그래서 운전을 좀 하시는 분들은 가끔 그림 2-26과 같은 표지판을 보았던 경험이 있을 것이다.

전기기계 및 전력전자 분야 전문가[11]로서 테슬라 전기자동차를 보았을 때, 가장 크게 감동한 부분은 어떻게 전기 모터(Motor)로 이렇게 대단하고, 훌륭한 전기자동차를 만들었지???

---

10) 한창수 외 공저, 주변국 동향파악을 통한 전기자동차 핵심부품·소재연구, 한국산업기술진흥원 최종보고서, 2010.04. pp. 104 참조하여 업데이트 함

11) 필자(筆者)는 "전기기기 설계"(더하심 출판사, 2017년 1월 출판)를 집필한바 있다. 따라서 전기자동차의 모터(Motor)가 417마력[HP]를 낸다는 것이 매우 어렵다는 것을 잘 이해하고 있다. 기술적으로 보면, 400마력[HP]의 모터는 그 길이로 인하여 차량의 폭에 들어가기가 매우 어렵다.

그림 2-26. 저속 전기자동차 출입금지 표지판

그림 2-27. 테슬라 전기자동차 구조

최고시속 250[km], 제로백 0~100[km]를 도달하는 시간 4.4초[12], 최대출력 417마력[HP]

가솔린(휘발유) 또는 디젤 엔진으로도 417마력[HP]의 엔진을 구현하기 어려운데...

모터(Motor)로 417마력[HP]의 전기자동차를 만든다??...이

12) 2016년도에 테슬라(TESLA)社는 제로백이 2.5초인 모델 S를 출시하여서 진정으로 슈퍼카(Super Car)의 반열에 들어서게 되었다.

거 한마디로 불가능에 도전하는 것이다.....

이제 그 비밀을 소개하고자 한다.

그림 2-28. 테슬라 자동차 모터(모델 S)

많은 분들이 그림 2-27과 같은 테슬라 전기자동차의 프레임을 한번쯤은 보았을 것이다.

테슬라 전기자동차의 구조는 생각보다 간단하다.

후륜(後輪) 구동 방식으로 뒷바퀴에 모터(Motor)와 인버터[13]가 있으며, 그 사이에 기어박스(Gear Box)가 배치되어 있으며, 차체(車體)의 바닥은 배터리(Battery)로 구성되었음을 알 수 있다.

---

13) 인버터(Inverter): 모터의 속도 및 토크 제어를 위한 전력변환장치, 일반적으로 6개의 전력용 스위치로 구성되어 있다.

그리고 테슬라 자동차의 모델 S는 그림 2-28과 같은 유도전동기(IM)를 사용하고 있다.

전문가로서 모터(Motor)의 사이즈(크기)를 보면 대략 그 출력(마력)이 예상되는데....

이 정도의 모터(Motor)로는 417마력[HP]은커녕 그 1/2인 200마력[HP]¹⁴⁾도 쉽지 않은데...

테슬라 자동차는 실제 약 100마력[HP]의 모터를 사용하고 있다.

한마디로 이 정도 출력이면, 중형차 수준의 엔진으로 그들이 꿈꾸는 목표인 "최고시속 250[km], 제로백 0~100[km]를 도달하는 시간 4.4초¹⁵⁾, 최대출력 417마력[HP]"은 솔직히 힘들다

테슬라社와 엘론 머스크 회장의 가장 큰 도전은 바로 어떻게 약 100마력[HP] 모터를 사용하여, 최대 400마력[HP] 이상의 출력을 낼 수 있는가 하는 점이다.

바로 그 비밀은 모터(Motor)의 냉각(冷却) 시스템에 있다.

테슬라 전기자동차와 관련된 모든 특허(特許)를 검토한 필자(筆者)가 보기에 테슬라 자동차와 관련하여 최고의 특허 4개를 꼽으라면, 미국 등록 특허 US7489057호, US7579725호, US9030063호 및 US9331552호라고 말하고 싶다.

100마력[HP] 모터로 최대 400마력[HP]의 출력을 낸다면 모터(Motor)는 어떻게 될까?? 그 이치는 너무나 간단하다..

비유적으로 이야기하면 사람이 만약 100[kg]의 물건을 들 수 있는데, 400[kg]을 들어서 올리면 어떻게 될 것인가와 같은 질문이다.

너무나 간단하다.... 한 마디로 열이 펄펄 날 것이고, 모터는 타버린다¹⁶⁾.

---

14) 100마력[HP] 모터의 경우 그 길이가 약 90~100[Cm] 정도이며, 400마력[HP]모터는 상당히 길이로 인하여 전기자동차용 모터로 사용하기에 크고, 부적합하다.

15) 2016년도에 테슬라(TESLA)社는 제로백이 2.5초인 모델 S를 출시하여서 진정으로 슈퍼카(Super Car)의 반열에 들어서게 되었다.

16) 모터는 크게 히스테리시스(Hysteresis) 및 와전류(Eddy current) 손실

모터가 정해진 출력(정격)에 4배의 출력을 발생시킨다면, 물론 제대로 모터가 돌 수도 없겠지만, 모터는 근본적으로 고정자 및 회전자에서 열이 펄펄 날 것이다.

테슬라社의 기술(技術)과 특허(特許)는

"모터(Motor) 니가 열나니??... 내가 냉각 시스템으로 열을 다 빼줄게..." 바로 이것이다.

테슬라 자동차의 모터 및 배터리의 냉각 시스템과 관련하여 총 27건의 특허가 있지만, 그 중에 위의 4건이 가장 하이라이트(Highlight)인 이유는 100마력[HP] 모터로 최대 400마력[HP]이상의 출력을 내는 기술을 완성시켰기 때문이다.

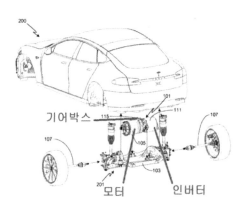

그림 2-29. 테슬라 전기자동차 모터 냉각과 관련된
특허 US9030063호

로 인하여 열이 발생하며, 효율이 저감되는 것을 넘어서 타버리게 된다.

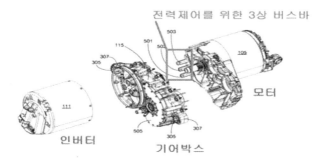

그림 2-30. 테슬라 전기자동차 모터 냉각과 관련된
특허 US9030063호

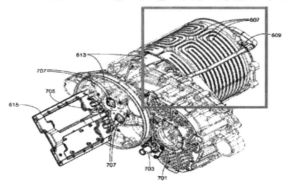

그림 2-31. 테슬라 전기자동차 모터 냉각과 관련된
특허 US9030063호

모터의 고정자 냉각 시스템

그림 2-32. 테슬라 전기자동차 모터 고정자 냉각 시스템

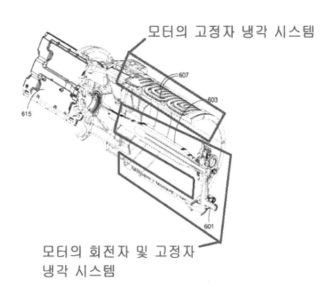

모터의 고정자 냉각 시스템

모터의 회전자 및 고정자
냉각 시스템

그림 2-33. 테슬라 전기자동차 모터 고정자 및 회전자 냉각과 관련된
특허 US9030063호

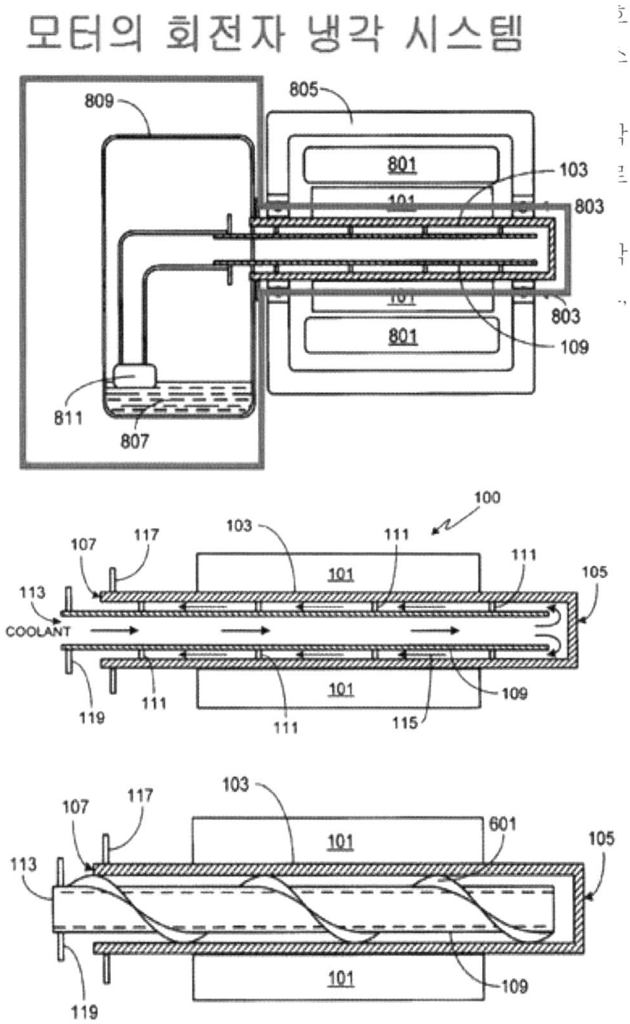

모터의 회전자 냉각 시스템

그림 2-34. 테슬라 전기자동차 모터 회전자 냉각
특허 US7489057호, US7579725호 및
US9331552호

테슬라(TESLA)社가 어떻게 전기 모터(Motor)로 이렇게 대단하고, 훌륭한 전기자동차를 만들었지???

그 비밀은 바로 냉각(冷却) 시스템이다.

최고시속 250[km], 제로백 0~100[km]를 도달하는 시간 4.4초[17], 최대출력 417마력[HP]...

그림 2-31 내지 그림 2-34는 테슬라 유도전동기(IM)에서 고정자 및 회전자 냉각(冷却) 시스템을 나타낸다. 테슬라(TESLA)社는 약 100마력[HP]의 유도전동기(IM)를 사용하여 최대 4배 이상의 출력을 발생시킬 수 전기자동차를 발명했으며, 그 핵심은 유도전동기(IM)에서 히스테리시스(Hysteresis) 및 와전류(Eddy current) 손실로 인하여 발생하는 고정자 및 회전자의 열을 가장 효과적으로 냉각(冷却)시키는 것에 있다.

바로 테슬라(TESLA)社가 전기자동차의 심장인 모터를 회전자에 영구자석이 박혀있는 영구자석 동기전동기(PMSM: Permanent Magnet Synchronous Motor)를 선택하지 않고 유도전동기(IM)를 채택한 가장 큰 이유는 바로 회전자의 속을 파내고 냉각(冷却)시키기 위한 것으로 분석된다.

테슬라(TESLA)社를 제외한 전 세계 다른 전기자동차 회사는 제어특성이 우수한 영구자석 동기전동기(PMSM)를 주력 모터로 선택하였다. 하지만, 테슬라(TESLA)社는 전기자동차 출력의 한계를 극복하는 발상의 전환으로 회전자 냉각(冷却)

---

17) 2016년도에 테슬라(TESLA)社는 제로백이 2.5초인 모델 S를 출시하여서 진정으로 슈퍼카(Super Car)의 반열에 들어서게 되었다.

기술을 채택했으며, 회전자가 알루미늄 다이케스팅(Aluminum Diecasting)된 유도전동기(IM)의 제어 성능은 다소 떨어지지만, 회전자를 파내고, 우수한 냉각(冷却) 특성을 가질 수 있었다. 그래서 유도전동기(IM)는 파워(Power)를 혁신적으로 향상시키기에 가장 좋은 전기자동차의 모터이라고 할 수 있을 것이다. 따라서 테슬라(TESLA)社의 엘론 머스크(Elon Musk) 회장은 그들이 출시한 전기자동차를 유도전동기(IM)의 세계 최초 발명가인 니콜라 테슬라(Nikola Tesla, 1856년-1943년)의 이름에서 "테슬라(TESLA)"로 명명(命名)하고, 그들의 혁신을 회사의 이름 속에서 나타내고 있다.

그림 2-35. 니콜라 테슬라 및 테슬라 연구실[18]

그림 2-35는 니콜라 테슬라(Nikola Tesla)[19]및 테슬라 연구

18) 테슬라 연구실, 테슬라 사이언스 센터(Tesla Science Center): 미국의 뉴욕(New York) 남동부에 위치하며, 대서양 쪽으로 뻗어있는 길쭉한 모양의 다리로 연결된 롱 아일랜드(Long island) 섬에 테슬라가 생전(生前)에 연구하던 미국 연구소이다. 하지만, 현재 테슬라 사이언스 센터는 니콜라 테슬라를 기념하기 위한 발명품이 제대로 전시되지 못하고 있으며, 그래서 찾는 사람들도 많지 않고, 내부를 관람하기가 매우 어렵다.
19) 니콜라 테슬라(Nikola Tesla: 1856년~1943년): 교류(AC) 전류로 동작하는 유도 전동기 및 교류 시스템, 테슬라 코일(특고압 승압회로) 발명하였고, 라디오, 레이더 및 무선전력 전송 발전에 기여한 오스트리아 헝가리 제국 출신의 미국 과학자, 미국 에디슨 연구소에서 수년간 에디슨 아래에서 연구도

실을 나타낸다.

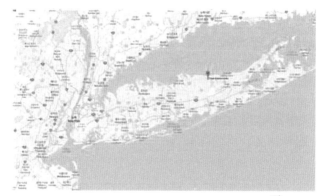

그림 2-36. 니콜라 테슬라 연구실 지도상 위치[20]

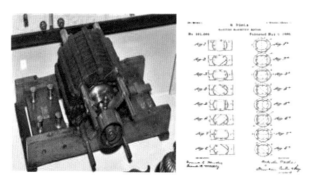

그림 2-37. 니콜라 테슬라의 대표발명인 유도전동기 및 그 특허[21]

하였지만, 에디슨과 연구 성향(性向)이 달라서 그만두었으며, 철도 사업가
인 웨스팅하우스(Westinghouse)와 손잡고 교류(AC) 시스템을 이용하여
전력사업을 발전에 기여하였고, 후대의 과학자들이 그의 공로를 기념하여
자기장의 단위를 테슬라[T]로 명명(命名)하였다.

20) 현재 테슬라 연구실인 테슬라 사이언스 센터는 그의 대표 발명품인 테
슬라 타워(Tesla Tower)는 없어지고, 빨간색 벽돌 건물만 남아있다.

21) 교류(유도) 전동기(Induction Motor): 1888년 미국 특허 US381968
호 특허로 등록된 기술로서, 입력전원이 교류(AC: Alternating Current)

그림 2-36은 니콜라 테슬라 연구실 지도상 위치를 나타내며, 뉴욕(New York)시 옆의 롱아일랜드(Long Island)에 위치한다.

그림 2-37은 니콜라 테슬라의 대표발명인 유도전동기 및 유도전동기(IM) 특허 US381968호를 나타낸다.

바로 테슬라(TESLA)社 미국특허 US9030063호, US7489057호, US7579725호 및 US9331552호는 유도전동기(IM)의 출력을 향상시키기 위한 냉각(冷却) 기술에 관한 특허로 가장 핵심 기술이라고 분석된다.

테슬라(TESLA)社의 미국특허 US9030063호에는 유도전동기(IM)의 고정자 외부에 냉매(Coolant)가 흐를 수 있는 냉각 통로과 유도전동기(IM)의 회전자 중심을 파내어 냉매(Coolant) 통해서 회전자의 열을 빼내는 냉각(冷却) 기술을 소개하고 있다. 또한, 테슬라(TESLA)社의 미국특허 US7489057호, US7579725호 및 US9331552호에는 유도전동기(IM)의 회전자 냉각(冷却) 시스템에 대한 가장 핵심기술을 소개하고 있다. 유도전동기(IM)의 회전자 중심을 파내어, 회전 가능한 핀(Fin)이 있는 튜브(Tube)를 배치하고, 냉매(Coolant)가 튜브(Tube)의 중심에 유입(流入)되고, 튜브(Tube) 외측(外側)의 핀(Fin)을 통하여 회전자의 열을 외부로 전달시키는 것을 가장 핵심적인 기술로 분석된다.

테슬라(TESLA) 전기자동차가 약 100마력[HP]의 유도전동기(IM)를 사용하여 최대 출력 417마력[HP]을 발생시키는 비밀은

로 회전하는 전동기이다. 니콜라 테슬라가 교류(유도) 전동기 발명하기 전(前)에는 전기에너지로 회전력을 발생하는 방법으로 단지 직류(DC: Direct Current) 전동기 밖에 없었으며, 직류(直流) 전동기는 회전을 위하여 반드시 정류자(整流子)와 탄소 브러시(Carbon Brush)가 필요하며, 직류 전동기기 회전하면서, 탄소 브러시가 정류자와 마찰되기에 직류 전동의 수명에는 항상 근본적인 한계가 있었다. 니콜라 테슬라는 직류 전동기의 문제점을 개선하며, 교류(交流) 전력시스템에서 회전력을 발생시킬 수 있는 유도(교류) 전동기의 발명을 통하여 교류 시스템의 완성을 할 수 있었다.(1888년 05월 01일 등록, 1887년 10월 12일 출원)

바로 유도전동기(IM)의 고정자 및 회전자 냉각(冷却) 기술이
며, 특히 그 중에서 회전자 냉각(冷却) 기술은 테슬라(TESLA)
社만의 가장 독보적인 기술로서, 유도전동기(IM)가 가지는 파
워(Power)의 한계를 뛰어넘는 최고의 기술이라고 할 수 있을
것이다.

   테슬라社의 모든 기술(技術)과 특허(特許)의 하이라이트
(Highlight)는 모터(Motor)의 회전자 열을 빼내는 냉각 시
스템이고, 필자(筆者)가 미국 등록 특허 US7489057호,
US7579725호 및 US9331552호 보았을 때, 큰 감동이 밀려
왔다.
   "아하!!...그래서 테슬라 자동차가 400마력[HP] 이상의 출력
을 낼 수 있었구나....!!"
   테슬라社는 모터(Motor)가 가진 가장 근본적인 취약점인
모터의 파워(Power)가 약한 것을 근본적으로 향상시켰고 전
기자동차가 진정한 출력의 자동차로 거듭날 수 있는 최고의
비밀은 바로 "유도전동기(IM) 냉각 시스템"이다.
   그래서 테슬라社의 엘론 머스크(Elon Reeve Musk) 회장은
모터 회전자에 냉각 시스템의 적용을 위하여 회전자가 영구자
석으로 된 영구자석 동기전동기(PMSM)가 아닌 회전자가 도
체[정확히, 알루미늄 다이케스팅(Aluminum Diecasting)]로
된 유도전동기(IM)를 테슬라 자동차의 주력 모터로 선택한 것
이다.
   그렇다면, 테슬라(TESLA)社가 아닌 타사(他社)에서 주력 모
터로 사용하는 영구자석 동기전동기(PMSM)는 제어가 쉽지
만, 다음의 3가지 근본적인 문제점이 있었을 것이다.
   - 첫째, 영구자석에서 발생하는 자기력 이상의 모터의 출력을
발생시키기 어려움
   - 둘째, 회전자에 영구자석이 삽입되어 있기에 회전자 냉각
시스템을 적용하기 힘듦

- 셋째, 전기자동차 모터로 영구자석 동기전동기(PMSM)를 사용한 핵심 특허는 일본의 도요타 등 주요 자동차 회사가 모두 점유하고 있음

따라서 테슬라社의 엘론 머스크(Elon Reeve Musk) 회장이 추구한 발상의 전환은 바로 진정한 출력의 자동차로 거듭날 수 있는 최고의 방책(方策)을 유도전동기(IM)에서 찾은 것이고, 그래서 유도전동기(IM)로 전기자동차를 상용화시킨 회사는 오직 (Only) 테슬라(TESLA)社 밖에 없다.

그래서 필자(筆者) 감히 이렇게 말하고 싶다.

테슬라 전기자동차의 최고의 핵심 기술은 가솔린(휘발유) 및 디젤 엔진을 능가하게 전기 모터(Motor)가 출력이 발생되도록 "모터 냉각 시스템"을 구현하였다는 것이고, 이 점이 세계 최고의 전기자동차로 성장할 수 있는 최고의 발상의 전환을 한 것이다.

그래서 전기자동차가 가솔린(휘발유) 및 디젤 자동차를 능가하는 진정한 출력의 자동차로서 상용화했다는 점이다.

그 비밀을 유도전동기(IM)에서 찾았고, 그 기술을 아름답게 완성했기에 그래서 이 자동차 회사의 이름이 바로 테슬라(TESLA)인 것이다.

2-4
배터리와 배치와 관련된
특허 기술

    이 글을 쓰는 필자(筆者)로서 독자 여러분에게 제가 느낀 감동이 충분히 전달되었는지는 모르겠다. 하지만 분명한 것은 전기자동차의 파워(Power)의 한계를 아름답게 뛰어넘은 테슬라 전기자동차 "유도전동기(IM) 냉각 시스템"만으로 모든 기술을 다 알았다고 감동하기에는 너무나 성급하다.

    테슬라(TESLA) 전기자동차의 모든 특허를 검토한 필자(筆者)가 보기에 진정한 출력의 자동차로 완성한 또 다른 비밀은 "리튬-이온 배터리 시스템"에 있다.

    전기공학 공학박사이고 배터리 기술에 대하여 전반적으로 이해하는 필자(筆者)가 테슬라社 배터리 특허를 처음 보았을 때, 정말 특별한 감탄사가 나왔다.

    "허걱!! 이렇게 무식(無識)하게.... 전기자동차 배터리를 만들었나??"

    "세상에....이런 배터리로 전기자동차를 만들었나??"

    "이런 배터리를 가지고....이렇게 멋진 차를 만들 수 있구나??"

    과연 테슬라(TESLA)社는 타사(他社)의 전기자동차 배터리는 무엇이 다른 것인가??

먼저 몇몇 대표적인 전기자동차 배터리에 대하여 간단하게 보겠다. 그림 2-38은 GM社의 볼트(Volt)의 리튬-이온 배터리(60[kWh]급)이며, 그림 2-39는 니산社의 리프(Leaf)의 리튬-이온 배터리(24[kWh]급)이며, 그림 2-40은. 도요타社의 프리우스(Prius)의 리튬-이온 배터리(8.8[kWh]급)을 나타내고 있다.

그림 2-38. GM社의 볼트(Volt)의
리튬-이온 배터리(60[kWh]급)

그림 2-39. 니산社의 리프(Leaf)의
리튬-이온 배터리(24[kWh]급)

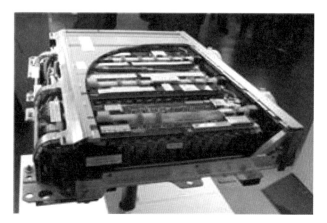

그림 2-40. 도요타社의 프리우스(Prius)의
리튬-이온 배터리(8.8[kWh]급)

타사(他社)의 전기자동차 리튬-이온 배터리는 사각형(Box Type)이다. 하지만, 테슬라(TESLA)社는 세계 최초로 AAA 건전지처럼 생긴 18650 리튬-이온 배터리를 사용하여 전기자동차를 만드는 유일한 회사이다. 특히 18650 리튬-이온 배터리는 일반적으로 노트북 또는 휴대용 가전제품의 배터리로 사용되는 것이며, 다른 전기자동차 회사는 박스(Box)형 리튬이온 배터리를 사용하는 것과 차별화되게 테슬라(TESLA)社는 약 6000[개] 내지 8000[개]의 18650 리튬-이온 배터리를 사용하고 있다.

이 책을 읽는 독자(讀者)들께서 혹시 18650 리튬-이온 배터리에 대하여 잘 모른다면, 아래의 그림 2-41과 같이 생긴 배터리를 의미한다.

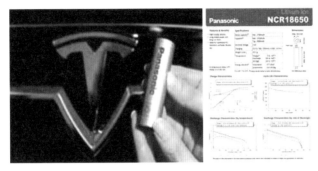

그림 2-41. 파나소닉 18650
리튬-이온 배터리 및 데이터 쉬트

　테슬라(TESLA)社는 AAA 건전지처럼 생긴 18650 리튬-이온 배터리를 대략 몇 개나 사용해서 전기자동차를 만든 것인가?
　파나소닉 18650 리튬-이온 배터리는 전류용량 3400[mAh] 전류용량, 전압 3.6[V]이며, 이를 바탕으로 다음과 같이 충분히 계산이 가능하다.
　현재 테슬라 전기자동차의 배터리 용량은 크게 70[kWh], 85[kWh] 및 90[kWh][1]의 배터리 용량으로 상용화하고 있다.
　▷ 테슬라 전기자동차 전체 배터리 용량[kWh]
　　= 배터리 개수[개] × 전류용량[mAh] × 배터리 전압[V]
　으로 계산할 수 있다.

　이를 바탕으로 테슬라 전기자동차 18650 리튬-이온 배터리 수는 다음과 같다[2].

---

1) 현재 테슬라 모델 S, 모델 X는 70[kWh] 및 90[kWh] 급의 배터리 용량을 주력으로 상용화하고 있다. 테슬라(TESLA)社는 향후에 90[kWh] 급의 배터리 용량은 생산하지 않으며, 70[kWh] 및 100[kWh]로 할 것이고 발표하였다.
2) 필자(筆者)가 파나소닉 18560 배터리 전류용량 및 전압을 바탕으로 계산한 것이다. (1개 배터리 팩은 18560 배터리 444개로 구성됨)
　- 배터리 용량[kWh] = 배터리 개수[개] × 전류용량[mAh] × 배터리 전압[V]

1) 70[kWh]의 경우 18650 리튬-이온 배터리 약 6216[개] 사용

2) 85[kWh]의 경우 18650 리튬-이온 배터리 약 7104[개] 사용

3) 90[kWh]의 경우 18650 리튬-이온 배터리 약 7548[개] 사용

할 것으로 계산된다.

생각해 보기 바란다. 심지어 일반적인 휴대용 스마트-폰(Smart-Phone)도 이러한 18650 리튬-이온 배터리를 사용하지 않는다.

전기공학 공학박사인 필자(筆者)가 생각하기에 "헉 이렇게 무식(無識)하게 만들었나??"라는 생각이 든다.

테슬라 전기자동차 모델 S, 모델 X를 보면 날렵하고 세련된 차체(車體) 외관을 갖는다. 하지만, 배터리 팩(Pack)만 보자면 상당히 무식(無識)에 극치라고 할까...

심지어 테슬라 전기자동차의 아름다운 외관을 보고, 그 배터리를 보자면, 피식하고 웃음이 나오기까지 한다.

마치 아름다움 속에 감추어진 뭔가 설명할 수 없는 무대포 정신과 무식(無識)함을 보는 느낌이라고 할까??

---

① 70[kWh]급 = 6216[개] × 3400[mAh] × 3.6[V] = 76.08[kWh]
  (18560 배터리 444개의 배터리 팩이 총 14개 사용)

② 85[kWh]급 = 7104[개] × 3400[mAh] × 3.6[V] = 86.95[kWh]
  (18560 배터리 444개의 배터리 팩이 총 16개 사용)

③ 90[kWh]급 = 7548[개] × 3400[mAh] × 3.6[V] = 92.39[kWh]
  (18560 배터리 444개의 배터리 팩이 총 17개 사용)

참고로 테슬라 전기자동차의 리튬-이온 배터리의 무게를 계산하면 다음과 같다.

(18560 배터리 1개의 무게는 46.5[g]임)

① 70[kWh]급 = 6216[개] × 46.5[g] = 289.0[kg]

② 85[kWh]급 = 7104[개] × 46.5[g] = 333.3[kg]

③ 90[kWh]급 = 7548[개] × 46.5[g] = 351.0[kg]

하지만, 배터리를 감싸는 주변 강판의 무게를 고려하여 테슬라社는 544[kg](85[kWh]급 기준)임을 밝히고 있다.

그림 2-42. 테슬라 전기자동차
리튬-이온 배터리 팩

하지만, 테슬라의 특허(特許)를 계속하여 보다보면, 묘한 반전 (反轉)이 생긴다. 어...!! 이거 생각보다 괜찮겠는데....

필자(筆者)가 보기에, 18650 리튬-이온 배터리를 사용한 테슬라社는 상당히 좋은 상용화 및 연구개발 방향을 가지는 방식으로 배터리를 만들었다고 점점 생각이 모아진다.

그 이유는 아래의 5가지로 정리할 수 있다.

첫째, 18650 리튬-이온 배터리는 가격이 저렴하다. 한마디로, 누구나 손쉽게 구할 수 있는 표준형 배터리이기에 가격이 저렴한 것이 가장 큰 장점이다.

둘째, 원하는 배터리 전압과 원하는 배터리 용량을 마음대로 설계할 수 있다. 18650 리튬-이온 배터리는 1개의 배터리가 3.6[V]이며, 직렬 및 병렬 조합을 통하여 원하는 배터리 전압과 원하는 배터리 용량을 설계할 수 있다.

셋째, 전 세계의 모든 자동차 중에서 무게중심이 가장 낮다.

18650 리튬-이온 배터리를 약 6216[개] 내지 7548[개][3)]

---

3) 필자(筆者)가 계산에 의해서 직접 산출한 것이기에 100% 정확하지 않을 수 있다. 하지만 대략적으로 일치하는 수치임에는 분명하다.

를 사용하였고, 이를 강판으로 둘러싼 배터리 팩(Pack)이 약 550[kg][4] 정도이기에 이를 차량의 바닥 프레임(Frame)으로 사용한 테슬라 전기자동차는 무게중심 측면에가 가장 우수하다.

넷째, 전 세계 모든 자동차와 비교해도 고속 주행 시 가장 안정적이다. 테슬라 전기자동차 모델 S 및 모델 X의 경우 최대 출력은 400마력[HP]이상이고, 약 550[kg]의 배터리 팩으로 인하여 무게중심이 가장 낮기 때문에 고속에서도 가장 안정적인 주행이 가능하다.

다섯째, 정면 및 측면 충격에서 가장 우수한 특성을 가진다. 테슬라 전기자동차 프렁크(Frunk: Front+Trunk의 합성어)라는 전기자동차 전면(前面) 공간으로 인해서 차량의 정면 충격에서 우수하며, 배터리 팩을 강판으로 둘러싸여져 있기에 차량의 측면(側面) 충격에서도 가장 우수하다.

테슬라社의 배터리 특허를 보면 볼수록...무식(無識)하다는 생각은 점점 사라지고, "어 이렇게 18650 배터리를 사용하는 거.. 생각보다 괜찮은 방식이네..."라는 느낌이 점점 밀려든다.

즉 테슬라 전기자동차의 경쟁력이 바로 이 리튬-이온 배터리 팩(Pack)에서 구현되는 것을 알 수 있다.

---

4) 85[kWh]급 배터리에서 프레임을 포함한 총 무게가 약 550[kg]이다.

그림 2-43. 테슬라 전기자동차
리튬-이온 배터리 실제 배치

전문가 입장에서 보자면, 테슬라(TESLA)社. 리튬-이온 배터리
의 최고 특허는 바로 배터리 배치에 있다.

테슬라 전기자동차의 배터리 분야 최고의 기술은 무엇인가?

▷ 바로 (1)배터리의 배치(Battery Placement), (2)배터리 관리 시스템(BMS: Battery Management System), (3)배터리 냉각(Battery Cooling)에 있다.

테슬라社는 158건의 미국 등록특허 중에서 (1)리튬이온 배터리 배치(Battery Placement)와 관련하여 총 25건(15.8%) 특허를 출원하였으며, (2)배터리 관리 시스템(BMS: Battery Management System)과 관련하여 총 28건(17.7%)의 특허를 출원하였으며, (3)배터리 냉각(Battery Cooling)과 관련하여 총 14건(8.9%)[5]의 특허를 출원한 것으로 분석되었다.

즉 간단하게 말해서 배터리와 관련하여 총 67건(42.4%)의 특허를 출원한 것이다.

테슬라(TESLA)社는 전기자동차 차체(車體) 외관과 관련하여 총 44건(27.8%)의 특허와 디자인을 출원하였지만, 결국 가장 많이 특허로 출원한 기술은 배터리이며, 전체 158건의 특허 중에서 총 67건(42.4%)이 배터리와 관련된 특허에 해당한다.

테슬라社는 정말 자동차 산업의 이단아(異端兒)[6]답다.

(1) 모터(Motor)도 영구자석 동기전동기(PMSM)가 아닌 유도전동기를 선택했으며,

(2) 배터리도 사각형(Box Type)이 아닌, AAA 건전지처럼 생긴 18650 리튬-이온 배터리를 선택한 것이다.

그럼 테슬라 전기자동차가 가진 최고의 배터리 기술은 무엇

---

5) 테슬라社의 미국 등록특허 및 기술에 대한 분류는 본 필자(筆者)가 직접 수행한 것이다. 참고로, 표 5에서 모터, 배터리 등의 냉각기술(세부기술3)은 총 27건(17.1%)이며, 보다 세부적으로는 (1)모터 냉각기술: 4건(2.5%), (2)배터리 냉각기술: 14건(8.9%), (3)충전 케이블 냉각기술: 1건(0.6%), (4)전기자동차 전체 냉각 시스템: 8건(5.0%)으로 구성되어 있다.

6) 이단아(異端兒): 전통이나 권위에 맞서 혁신적으로 일을 처리하는 사람

인가??

필자(筆者)가 분석하기에 바로 다음의 기술이다.

> 배터리를 세워서 전기자동차 차체(車體) 바닥에 배치한 것

특징적인 것은 배터리를 누워서 (+)극과 (-)극의 연결을 한 것이 아니라 세워서 배치하였다. 바로 이렇게 배터리를 세워서 배치하면, 자동차의 전면(前面) 또는 측면(側面) 충격에 가장 강인한 구조가 된다[7].

그림 2-43의 나타난 배터리 배치(Battery Placement) 기술이 테슬라社의 배터리 특허 속에 고스란히 녹아있다.

그림 2-43은 테슬라 전기자동차 리튬-이온 배터리 실제 배치를 나타내며, 그림 2-44는 테슬라 전기자동차 리튬-이온 배터리의 직렬 및 병렬연결에 관한 특허 US7433794호이며, 그림 2-45 및 그림 2-46은 리튬-이온 배터리 배치판에 관한 특허 US8216502호, US8833499호 및 US9577227호에 관한 것이다. US7433794호에서는 리튬-이온 배터리를 세워서 직렬 및 병렬로 연결시키는 것[8]을 기술적 특징으로 한다.

---

7) 만약에 배터리를 누워서 (+)극과 (-)극의 연결하였다면, 자동차의 전면 (前面) 또는 측면(側面) 충격시 (+)극과 (-)극은 눌리게 되고, 최악의 경우 폭발사고가 생길 수 있다.
8) 테슬라社의 US7433794호는 배터리 배치보다는 배터리 팩(Pack)의 각 셀의 전압을 균일하게 제어하는 배터리 관리 시스템(BMS: Battery Management System)의 핵심특허이다.

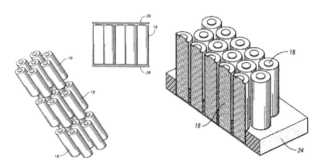

그림 2-44. 테슬라 전기자동차
배터리 배치 특허 US7433794호

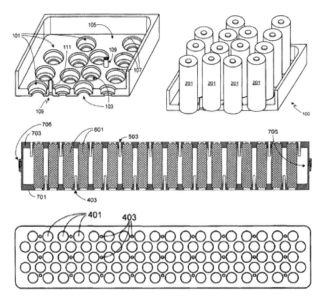

그림 2-45. 테슬라 전기자동차배터리 배치판
특허 US8216502호

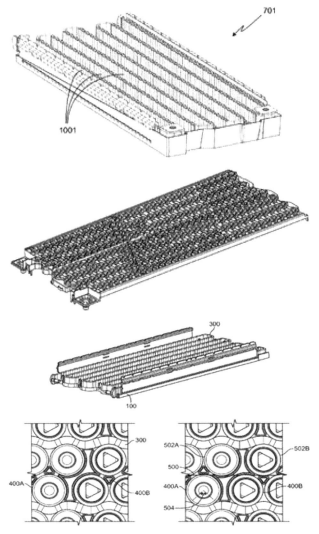

그림 2-46. 테슬라 전기자동차 배터리 배치판
특허 US8833499호, US9577227호

그림 2-47은 테슬라 전기자동차 배터리 충격흡수 및 열관리 특허 US8906541호를 나타낸다. 이 특허를 통하여 테슬라(TESLA)社는 배터리 충격흡수를 위하여 18650 리튬-이온 배터리를 지그재그(Zigzag)로 배치하는 것을 기술적 특징으로 하며, 그 사이에 물결모양의 냉각 채널(Cooling Channel)을 배치시키는 것을 기술적 특징으로 한다.

테슬라社는 배터리의 단순한 배치만을 고려한 것이 아니라, 자동차 사고 시 충격흡수를 위하여 18650 리튬-이온 배터리를 지그재그(Zigzag)로 배치하며, 물결모양의 냉각 채널(Cooling Channel)을 이용하여 충격흡수를 하도록 하였다.

그림 2-47에서 리튬-이온 상측 배터리 판과 하측 배터리 판을 분리시켜 배치하여서, 18650 리튬-이온 배터리에서 상측 또는 하측 배터리 판의 특정(特定) 부분에서 충격이 발생하여도, 배터리의 충격이 전달되지 않도록 배터리 판을 설계하였다.

그림 2-48은 테슬라 전기자동차 개별 배터리 팩(Pack)을 나타내며, 그림 2-49는 배터리 팩(Pack) 특허 US7820319호 및 US8277965호를 나타낸다. 여기서 개별 배터리 팩(Pack)은 444개로 이루어져 있다.

그림 2-50은 테슬라 전기자동차 전체 배터리 팩(Pack)을 나타내며, 개별 배터리 팩(Pack)이 14개 내지 17개 배치되며, 그림 2-51은 테슬라 전기자동차 전체 배터리 팩(Pack) 특허 US8268469호, US8393427호, US8557415호, US8663824호, US8696051호, US8875828호 및 US9045030호를 나타낸다.

테슬라社는 18650 리튬-이온 배터리의 보호를 위하여 1차적으로 배터리를 지그재그(Zigzag)로 배치하며, 물결모양의 냉각 채널(Cooling Channel)을 이용하여 충격흡수를 하도록 하였다.

2차적으로는 이를 18560 리튬-이온 배터리 약 444개를 1

개의 개별 배터리 팩(Pack)으로 보호하였고, 3차적으로는 개별 배터리 팩(Pack)이 14개 내지 17개를 전체 배터리 팩(Pack)에 배치하여서 보호하고 있다.

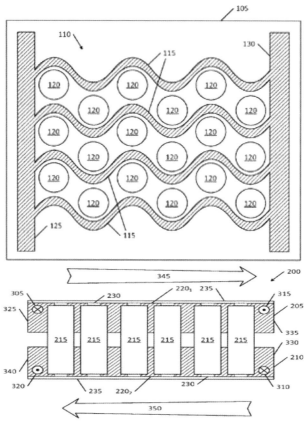

그림 2-47. 테슬라 전기자동차 배터리 충격흡수 및 열관리
특허 US8906541호

그림 2-48. 테슬라 전기자동차 배터리 팩(Pack)

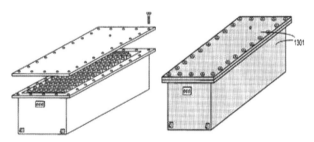

그림 2-49. 테슬라 전기자동차 배터리 팩(Pack)
특허 US7820319호 및 US8277965호

그림 2-50. 테슬라 전기자동차 배터리 팩(Pack)

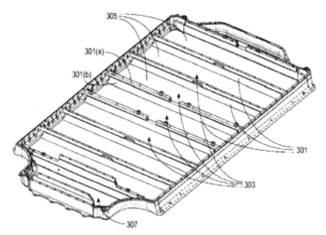

그림 2-51. 테슬라 전기자동차 배터리 팩(Pack)
특허 US8268469호, US8393427호,
US8557415호, US8663824호,
US8696051호, US8875828호 및
US9045030호

그림 2-52는 테슬라 전기자동차 배터리 보호 강판 특허
US8696051호 및 US8383427호를 나타내며, 그림 2-53은
테슬라 전기자동차 배터리 팩(Pack)을 나타낸다. 바로 특허
US8696051호 및 US8383427호를 통하여 테슬라社는 전체 배
터리 팩(Pack)의 외부에 보호 강판을 외부에 배치함을 통하여
자동차 사고로부터 18650 리튬-이온 배터리를 보호하도록 설
계하였다.

그림 2-53에서 개별 배터리 팩(Pack) 14개 내지 17개를 전체 배터리 팩(Pack)에 배치하며 감싸는 전체 배터리 팩(Pack)을 나타내며, 그림 2-54은 테슬라 전기자동차 전체 배터리 팩(Pack) 특허 US8268469호, US8393427호, US8557415호, US8663824호, US8696051호, US8875828호 및 US9045030호를 나타낸다.

그림 2-55는 테슬라 전기자동차 배터리 배치 특허 US8393427호, US8696051호, US8833499호 및 US9045030호를 나타낸다. 85[kWh]급에서 배터리 총 무게가 약 550[kg]이다.

바로 테슬라 전기자동차는 엄청난 강점을 가지는데, 전기자동차 뿐만이 아니라 전 세계 모든 자동차 중에서 무게중심이 가장 낮은 자동차라고 할 수 있다.

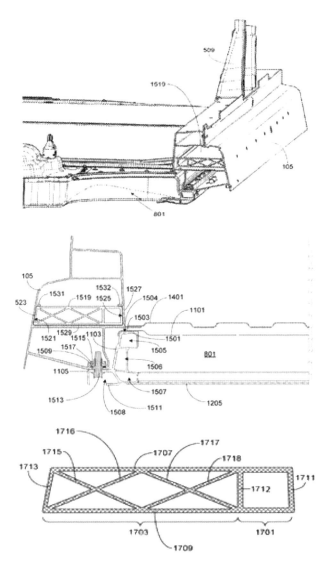

그림 2-52. 테슬라 전기자동차 배터리 보호 강판
특허 US8696051호 및 US8383427호

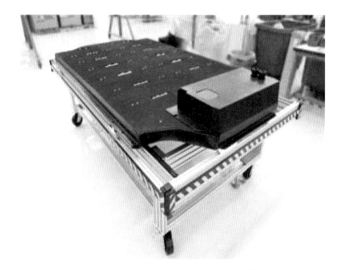

그림 2-53. 테슬라 전기자동차 배터리 팩(Pack)

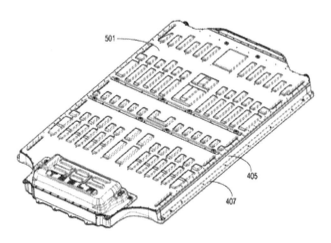

그림 2-54. 테슬라 전기자동차 배터리 팩(Pack)
특허 US8268469호, US8393427호,
US8557415호, US8663824호,
US8696051호, US8875828호 및
US9045030호

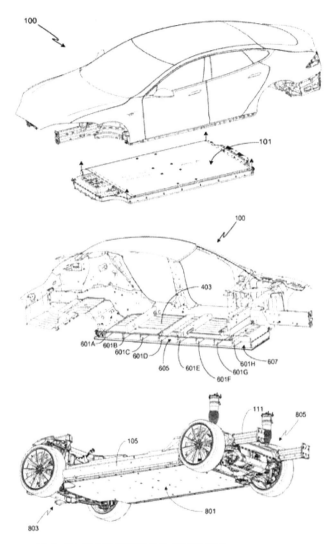

그림 2-55. 테슬라 전기자동차 배터리 배치
특허 US8393427호, US8696051호,
US8833499호 및 US9045030호

그림 2-56. 테슬라 모델 3과 볼보 S60의 측면충격 테스트

2017년 8월

테슬라(TESLA)社는 미국 도로교통안전국(NHTSA)의 안전 평가의 모든 부문에서 별 다섯 만점을 받은 2016년형 볼보 S60과 테슬라 모델3과 측면에서 32[km/h]로 충동시험을 하였던 결과를 공개하였다(그림 2-56 참조).

이 자리에서 테슬라社 회장인 엘론 머스크(Elon Reeve Musk)는 "볼보 차량은 이제 세계에서 두 번째로 안전한 자동차"라는 농담을 하면서, 자동차 측면 충격에서 테슬라 전기자동차가 가장 강인함을 강조하였다.

테슬라 전기자동차의 측면충돌 시험에 대한 자신감의 바탕에는 배터리의 보호기술이 가장 중요한 몫을 차지하고 있다.

테슬라 전기자동차 배터리 보호로 인한 장점

– 전 세계 모든 자동차 중에서 정면 및 측면 충격에서 가장 강인성 및 안정성을 가진다.

2-5
배터리 냉각,
예열 및 관리와 관련된 특허 기술

2016년 9월

국내의 대기업인 S전자에서 생산된 최신 스마트 폰(Smart-Phone)이 폭발하는 사고가 있었다.

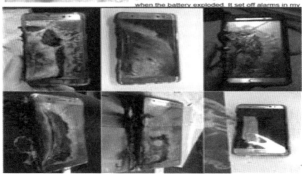

그림 2-57. S전자 스마트 폰 폭발 사고

일반적으로 스마트 폰(Smart-Phone)의 배터리 용량은 약 10~15[Wh]이며, 테슬라(TESLA) 전기자동차의 용량은 70[kWh], 85[kWh] 및 90[kWh]이다.

간단히 이야기해서 스마트 폰(Smart-Phone)의 배터리 용량에 약 4600~9000배에 정도가 바로 테슬라 전기자동차의 배터리 용량이 되는 것이다.

여기서 독자(讀者) 여러분에게 질문하나 하겠다.

S전자 스마트 폰(Smart-Phone)의 배터리는 왜 폭발한 것일까?

뭐 어렵게 대답할 이유도, 필요도 없다.

"배터리에서 열이 많이 발생했기 때문"이다.

S전자 스마트 폰(Smart-Phone)는 세계에서 가장 높은 배터리 용량을 가지고 있다. 더불어 스마트 폰의 개념을 만든 스티브 잡스(Steve Jobs)[1]가 만든 애플(Apple)사의 스마트 폰에도 절대 없는 아주 특별한 기능이 있다.

"그것은 바로 고속 충전(adaptive fast charge) 기능이다."

고속 충전(adaptive fast charge) 기능이라면, 뭐 그냥 빠르게 배터리를 충전시키는 기능이며, 그 원리는 간단하게 완속(緩速)충전보다 고속(高速)충전에서 충전전압을 약 20~50% 높게 설정하여, 배터리의 전류(Current)를 높여서 배터리를 더욱 빠르게 충전하는 방식을 의미한다.

더불어 S전자 스마트 폰은 그림 2-58과 같이 매우 우수한 방수(防水) 성능도 보이고 있다.

---

1) 스티브 잡스(Steve Jobs: 1955년~2011년): 리드(Reed) 대학을 중퇴하고, 매킨토시 컴퓨터, 아이폰, 아이패드, 아이팟을 개발하여, 핸드폰의 개념을 스마트폰으로 변화시키고, 우리의 삶의 패턴을 스마트폰 안에서 새롭게 구현한 발명가, 손꼽히는 갑부이며, 미국의 기업인

그림 2-58. 우수한 방수(防水) 성능을 보이는 S전자 스마트 폰

그렇다면 배터리에서 발생하는 열은??... 어디로??..

S전자의 스마트폰은..

배터리 용량은 세계최고(最高), 배터리 충전시간은 세계 최단(最短)시간, 거기에 탁월한 방수(防水)성능, 수많은 어플리케이션(application) 앱(App)과 기능 등...

결국 S전자가 무시한 팩트(Factor)가 있다면, 배터리 냉각(冷却)이라고 할까??

테슬라社의 특허를 살펴보면, 총 158건의 특허 중에서 14건(8.86%)이 배터리 냉각에 관한 기술이며, 28건(17.7%)이 배터리 관리 시스템에 관한 기술이다.

생각해 보기 바란다.

스마트 폰(Smart-Phone)의 배터리 용량에 약 4600~9000배의 전기자동차 배터리가 폭발한다면...어떻게 될까??

아마 전기자동차가 운전자가 타고 있었다면, 마치 발 아래서 폭탄 터지는 경우와 비슷할 것이다.

테슬라(TESLA)社의 배터리 특허(特許)를 바라보면, 이들이 전기자동차의 배터리 열관리 및 안전에 대하여 심혈(心血)의 노력을 기울이고 있음을 확인할 수 있었다.

그래서 테슬라社의 배터리 특허를 볼수록 아름다움 속에 감추어진 뭔가 설명할 수 없는 무대포 정신과 무식(無識)함이라는 첫 느낌은 점점 옅어진다. 그리고 어...!! 이거 생각보다 괜찮겠는데.... 묘한 반전(反轉)이 생기게 됨을 독자(讀者) 여러분들도 조금은 느끼시리라 생각된다.

그림 2-59 및 그림 2-60은 테슬라(TESLA) 전기자동차 배터리 열 검출 및 열 관리 특허 US8154256호 및 US8263250호를 각각 나타낸다. 테슬라社는 전기자동차 배터리의 열 검출을 위해서 매우 특별한 방법을 사용하고 있다. 바로 지그재그(Zigzag)로 배치된 18650 리튬-이온 배터리 사이를 마치 물결 모양처럼 생긴 열 접속부(그림 2-60의 도면부호 103)이 접속하게 된다. 그리고 배터리(201)의 전압을 인가하여 저항(203)의 전압을 검출(105)하고, 이를 바탕으로 18650 리튬-이온 배터리의 열 검출을 수행하는 것을 기술적 특징으로 한다.

공학적으로 설명하자면, 테슬라社의 배터리 열 검출 원리는 간단하다. 즉 금속인 열 접속부(103)는 온도에 비례하는 특성을 가지고 있다. 온도가 올라가면 열 접속부(103)의 저항 값이 증가하고, 온도가 낮아지면, 열 접속부(103)의 저항 값이 감소한다. 그림 2-59에서 배터리(201)의 전압은 직렬로 연결된 열 접속부(103)의 전체 저항과 저항(203)에 나누어지게 된다. 따라서 18650 리튬-이온 배터리의 온도가 올라가면, 열 접속부(103)의 전체 저항은 증가하기 때문에 저항(203)에 인가되는 전압 값이 낮아지게 된다. 즉 주 제어기(System Controller, 901)는 저항(203)에 인가되는 전압 값이 특정(特

定) 전압 이하가 되면, 18650 리튬-이온 배터리가 과열(過熱) 상태라고 판단하는 것을 기술적 특징으로 한다.

따라서 저항(203)에 인가되는 전압 값을 바탕으로 18650 리튬-이온 배터리가 과열(過熱) 상태를 판단하고, 이를 바탕으로 배터리 냉각 시스템(Battery Cooling System, 909), 화재 방지 시스템(Fire Control System, 911), 경고발생(Warning indicator, 905), 부하 제어(Load Controller, 907) 등을 수행하고 있다.

그림 2-61은 테슬라(TESLA) 전기자동차 배터리 열 관리 시스템을 나타낸다. 이러한 테슬라社의 열 검출 시스템을 평가하자면, 매우 저가(低價)의 방식으로 18560 리튬-이온 배터리의 열을 검출하는 시스템을 구현한 것이며, 동시에 18560 리튬-이온 배터리의 안정성을 향상시키며, 18560 리튬-이온 배터리의 특정(特定) 지점(Point)의 열이 아니라 전체적인 열을 관측할 수 있는 장점이 있다고 평가할 수 있다.

테슬라 전기자동차 배터리 열 검출 시스템의 장점
1) 매우 저가(低價)의 열 검출 시스템이다.
2) 18560 리튬-이온 배터리의 충격을 보호한다.
3) 18560 리튬-이온 배터리의 특정(特定) 지점이 아닌 전체적인 열을 검출할 수 있다.

일반적으로 열 검출은 서머커플러(Thermocoupler)라는 소자를 사용하고 있다.

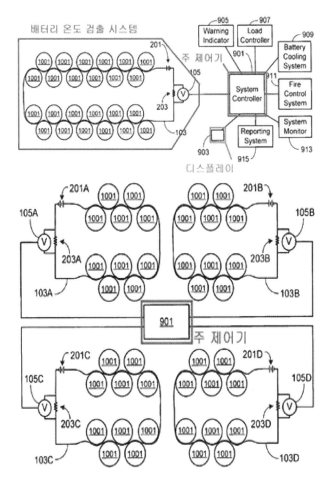

그림 2-59. 테슬라 전기자동차 배터리 열 검출 및 열 관리
특허 US8154256호

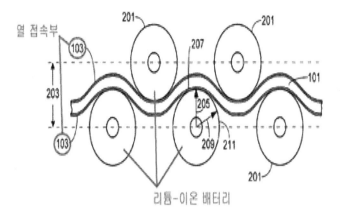

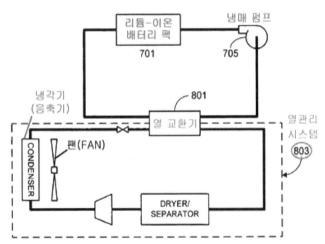

그림 2-60. 테슬라 전기자동차 배터리 열 검출 및 열 관리
특허 US8263250호

그림 2-61. 테슬라 전기자동차 배터리 열 관리 시스템

그림 2-62는 일반적인 서머커플러(Thermocoupler)의 형상 및 원리를 나타낸다. 서머커플러는 온도가 높은 온접점과 온도가 낮은 냉접점 사이에 열기전력이 발생하고, 전압을 검출할 수 있는 대표적인 온도검출 센서이다.

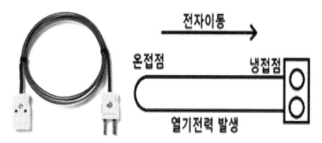

그림 2-62. 일반적인 서머커플러의 형상(좌측) 및 원리(우측)

　테슬라(TESLA)社는 매우 저가(低價)이며, 18650 리튬-이온 배터리의 충격을 보하며, 18560 리튬-이온 배터리의 특정(特定) 지점이 아닌 전체적인 열을 검출할 수 있는 방식을 제안하여 특허(特許)로서 독점적인 권리를 획득하였다.

　즉, 18650 리튬-이온 배터리를 가지고 전기자동차 메인 (Main) 배터리를 사용하므로 저가(低價)의 방식이며, 18650 리튬-이온 배터리 팩의 열 검출 방식도 저가(低價)이면서 동시에 안정성을 높인 방식이다.

　그래서 자꾸 반복하지만, 테슬라社 배터리 기술을 보자면,

　어...!! 이거 생각보다는 정말 괜찮겠는데....굿(Good).... 묘한 반전(反轉)이 계속하여 생기게 된다.

　여기서 특별히 감동에 대하여 말하고 싶다.

　"세상 사람들은 그 누구보다 감동받고 싶은 욕구가 있다."

　아니 어쩌면, 감동받을 모든 준비가 되어있다.

　"제발 나를 감동시켜 주시길..."

　아름다운 바다, 산, 강 등 자연이 만들어낸 예술 같은 장면...

　또는 멋진 그림, 조각 등 예술작품...

　심지어 멋진 현악 4중주 연주...

　대한민국 최고의 가수들이 열창할 때 느끼는 온몸을 전율시키는 그 특별한 감동...

(a) 중국의 장가계(張家界)

(b) 미켈란젤로의 천지창조

(c) 세계 3대 테너
(플라시도 도밍고, 호세 카레라스, 루치아노 파바로티)

그림 2-63. 온몸을 전율시키는 특별한 감동을 주는 것들

그림 2-63은 온몸을 전율시키는 특별한 감동을 주는 것들을 나타낸다. 필자(筆者)는 물론 이렇게 아름다운 자연, 예술품, 그

리고 음악 등에서 감동을 받는다.

하지만, 전(前) 대한민국 특허청 심사관으로 11년간 총 3000여건 이상[2]을 담당심사관으로 특허심사를 했으며, 전기공학 공학박사이고, 특허전문가인 입장에서 온몸을 전율시키는 특허(特許)를 만나고 싶다.

아니 정말 그런 기술(技術)과 특허(特許)를 만나고 싶고, 지금은 변리사로서, 그런 특허의 대리인을 맡고 싶다.

"즉, 필자(筆者)는 세상을 바꾸는 진정한 기술(技術)과 특허(特許)를 통해서 내 삶이 감동받고 싶은 엄청난 욕구가 있다."

무엇보다 엘론 머스크(Elon Reeve Musk) 회장과 테슬라(TESLA)社의 기술(技術)과 특허(特許)는 마치 최고의 아름다운 자연, 예술품, 그리고 음악 등과 같이 기술을 이해하면 할 수 록 "와우~~!!"라는 평가를 내리기에 충분한 것 같다.

그래서 지금 그 감동을 나누고 싶기 때문에 이 책을 쓰고 있는 것이다.

앞서 언급한 바와 같이 테슬라 전기자동차의 메인(Main) 배터리는 18650 리튬-이온 배터리를 사용하였고, 그 수는 70[kWh]의 경우 약 6216[개]/ 85[kWh]의 경우 약 7104[개]/ 90[kWh]의 경우 7548[개]를 사용한 것으로 계산되었다[3]. 그렇다면, 무려 6200개 내지 7600개의 모든 18650 리튬-이온 배터리마다 열을 검출하게 열 접속부(103)를 접촉했을까??

만일 그렇다면 열 접속부(103)의 길이가 너무 길 텐데....

이에 대한 해결책을 테슬라(TESLA)社는 미국 특허 US8133278호를 통하여 공개하였다.

---

2) 필자(筆者) 전기분야를 중심으로 특허, 실용신안, 국제특허(PCT)를 포함하여 총 3187건의 담당 심사를 하였다.
3) 필자(筆者)가 파나소닉 18560 배터리 전류용량 및 전압을 바탕으로 계산한 것으로 거의 일치할 것으로 생각된다.

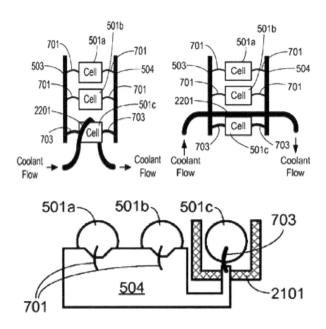

그림 2-64. 테슬라 전기자동차 배터리 열 검출 및 열 관리
특허 US8133278호

그림 2-64는 테슬라 전기자동차 배터리 열 검출 및 열 관리 특허 US8133278호를 나타낸다. 즉, 테슬라 전기자동차의 18650 리튬-이온 배터리의 모든 전기적 배선은 임피던스(Impedance)[4]가 동일하게 않게 설계하였다.

즉, 18650 리튬-이온 배터리가 일정(一定) 수를 군집한 배터리 팩(Pack)에서 특정(特定) 배터리를 마치 대장(大將) 배터리(501c)와 같이 마치 배터리의 전기적 임피던스(Impedance)를 낮게 하고, 배터리 팩(Pack)에서 다른 18650 리튬-이온 배터리보다 대장(大將) 배터리에서 전기적 임피던스(Impedance)가 낮기 때문에 열이 가장 많이 발생하게 하였

---

4) 교류저항을 임피던스(Impedance)라고 한다.

다. 그리고 배터리의 열 검출 및 냉각(冷却)은 바로 이 대장(大將) 배터리(501c)를 중심으로 하는 것을 기술적 특징으로 하였다.

그림 2-65는 테슬라 전기자동차 배터리 열 관리 특허 US8647763호를 나타낸다. 이 특허를 통하여 테슬라 전기자동차는 약 50개 내지 100개의 18650 리튬-이온 배터리 그룹(Group) 별로 열관리를 함을 확인할 수 있으며, 테슬라(TESLA)社의 배터리 특허를 살펴보면, 저비용으로 전기자동차의 무게중심을 낮게 하며, 동시에 배터리의 폭발방지를 위해서 엄청난 노력을 기울였음을 확인할 수 있었다.

그림 2-66은 최악(最惡)의 상황과 직면하는 테슬라 전기자동차를 나타낸다. 자동차라는 것을 항상 최악(最惡)의 조건 속에서 동작해야만 하는 숙명(宿命)을 가지고 탄생(誕生)했다. 전기자동차라고 절대 예외를 아니고, 사고가 전혀 없는 꽃길만을 달릴 수 없고, 철도와 같이 레일(Rail)을 달리도록 설계되지도 않았다.

테슬라 전기자동차의 숙명(宿命)에서는 영하 30-40도의 극지에서도 달려야하는 운명(運命)은 필연(必然)인 것이다.

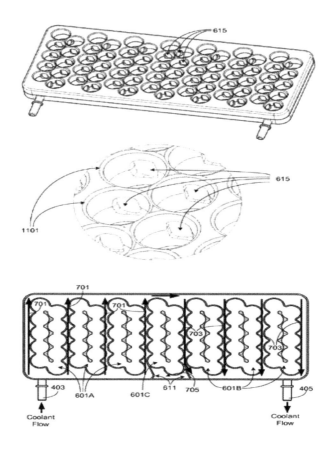

그림 2-65. 테슬라 전기자동차 배터리 열 관리
특허 US8647763호

(a) 자동차 사고난 테슬라 모델 S

(b) 사막에서 테슬라 모델 X

(c) 추운 극지를 달리는 테슬라 모델 S

그림 2-66. 최악(最惡)의 상황과 직면하는 테슬라 전기자동차

그림 2-67은 리튬-이온전지의 충·방전 과정을 나타낸다.

리튬-이온 배터리(Battery) 기술에 대하여 조금은 이해하는 사람들은 잘 아는 사실이지만, 근본적으로 리튬-이온 배터리는 전력이 충전시 리튬-이온이 양극에서 음극으로 이동하고, 전력이 방전시 리튬-이온이 음극에서 양극으로 이동하는 원리를 이용한 것이다.

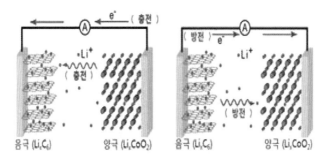

그림 2-67. 리튬-이온전지의 충·방전 과정

아주 상식적이지만, 리튬-이온 배터리는 결국 화학 반응을 하면서 전기에너지를 전달하는 방식이기 때문에 온도에 매우 예민(銳敏)한 특성을 가질 수밖에 없다.

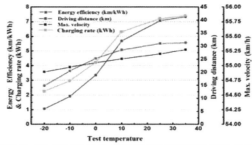

그림 2-68. 온도에 따른 전기자동차 배터리의 주요 특성변화[5]

5) M.H.Lee etc, "The Efficiency Characteristic of Electric

그림 2-68은 온도에 따른 전기자동차 배터리의 주요 특성 변화에 대한 논문의 주요 데이터를 나타낸다. 이 논문에서는 -20도부터 35도까지 1) 전기자동차의 에너지 효율(Energy efficiency [km/kWh]) 2) 주행거리(Driving distance[km]) 3) 최고속도(Max. velocity[km/h]) 및 4) 배터리 충전율(Charging rate[kWh])의 변화를 관찰한 것이다.

그림 2-68의 그래프에서 -20도 및 35도의 그래프를 관찰하면, 다음과 같다[6].
1) 전기자동차의 에너지 효율(Energy efficiency)
 -20도 : 2.6[km/kWh] / 35도 : 5.5[km/kWh] / 약 2.1배 차이
2) 주행거리(Driving distance)
 -20도 : 6[km] / 35도 : 42[km] / 약 7배 차이
3) 최고속도(Max. velocity)
 -20도 : 54.25[km/h] / 35도 : 55.8[km] / 약 1.02배 차이
4) 배터리 충전율(Charging rate)
 -20도 : 2.2[kWh] / 35도 : 7.4[kWh] / 약 3.4배 차이

위 논문의 데이터는 테스트용 전기자동차의 자료이며, 테슬라(TESLA) 전기자동차와 아무런 관계가 없다. 하지만, 온도와 어떤 요소가 전기자동차에 영향을 미치는지 분석한 논문으로 그 결과에 대해서 충분히 고려할 가치가 있다.
위 결과에서 주행거리(Driving distance)와 배터리 충전율(Charging rate)이 가장 온도에 민감한 특성을 보인다. 즉 간단

Vehicle(EV) According to the Diverse Modes and Test Conditions," Trans. of Korean Hydrogen and New Energy Socity, Vol 28, No. 1, 2017, pp. 56-62
6) 이 데이터(Data)는 논문에서 테스트용 전기자동차의 자료이며, 테슬라 전기자동차와 아무런 관계가 없다. 하지만, 전반적으로 온도에 대한 전기자동차의 특성이 배터리에 가장 많은 영향을 미친다는 객관적인 결과를 보여주는 논문이다.

히 말해서 전기자동차의 배터리와 관련된 부분이 가장 온도에 영향이 크다는 것을 보여주는 것이다. 최고속도(Max. velocity)는 전기자동차를 구동하는 모터(Motor)의 성능에 좌우되는 것이고, 전기자동차의 에너지 효율(Energy efficiency)은 전력변환장치(인버터)의 성능에 좌우되는 것이다.

전기공학 박사인 필자(筆者)의 견해로는 전기분야에서 가장 발달하지 못한 것이 바로 배터리(Battery)이다. 무엇보다 배터리는 화학반응을 통하여 전자(e)를 전달하기에 온도에 가장 민감할 수 밖에 없는 특성(特性)을 가진다.

가장 에너지 밀도가 높다는 리튬-이온 배터리에서 온도가 올라가면, 화학반응이 활발하게 되어서 주행거리(Driving distance) 및 배터리 충전율(Charging rate)을 올라가겠지만, 리튬-이온 배터리가 폭발할 위험이 있다.

이와 반대로 온도가 영하 20도의 극한의 추위에서는 화학반응이 둔해져서 결국 제대로 충전도 안 된다. 이로 인하여 제대로 주행거리가 나오지 못하는 근본적인 문제점을 갖고 있다.

테슬라(TESLA)社의 특허를 살펴보면, 감동받는 또 다른 부분이 있다. 테슬라 전기자동차는 단지 배터리의 과열(過熱) 및 폭발 방지만 관리하는 것이 아니었다. 영하 수십도 아래의 극한(極限)의 추위에서도 리튬-이온 배터리의 동작을 원활하게 하기 위한 조치도 기술(技術)과 특허(特許)를 통해서 강구하고 있었다.

그림 2-69는 극한(極限)의 추위에서 리튬-이온 배터리가 정상적으로 동작시키기 위한 배터리 예열 관리 특허 US7741816호를 나타내고 있다.

결국 극한(極限)의 추위에서도 배터리의 안정적인 동작을 위해서 기준온도를 바탕으로 히팅(Heating)하는 것을 기술적 특징으로 한다.

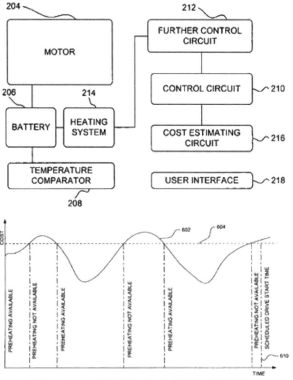

그림 2-69. 테슬라 전기자동차 배터리 예열 관리
특허 US7741816호

더불어 무려 6200개 내지 7600개의 모든 18650 리튬-이온 배터리를 동시에 충전 및 방전한다고 생각해 보길 바란다. 수많은 18650 리튬-이온 배터리가 충전 및 방전 특성이 동일할까??

"절대 그럴 수 없다."

어쩌면 이 점이 가장 큰 문제가 될 수 있다. 즉 수천 개의 18650 리튬-이온 배터리 중에서 일부는 과(過)충전 되며, 일부는 과(過)방전 되는 배터리의 충·방전 특성이 분명하게 문제된다.

테슬라(TESLA)社는 이에 대하여 전체 리튬이온 배터리를 14개 내지 17개 구역(Cell)으로 나누어서, 각 구역마다 충전 및 방전 특성이 균일하게 제어하는 배터리 관리 시스템(BMS: Battery Management System)을 도입하였다.

그림 2-70. 테슬라 전기자동차
리튬-이온 배터리 팩

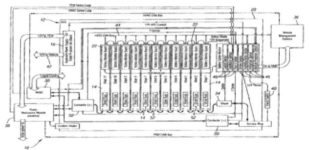

그림 2-71. 테슬라 전기자동차 배터리 셀(Cell)의 전압균형
특허 US7433974호

그림 2-70은 14개 내지 17개 구역(Cell)으로 구분된 테슬라 전기자동차 리튬-이온 배터리 팩을 나타내며, 그림 2-71은 테슬라 전기자동차 배터리 셀(Cell)의 전압균형 특허 US7433974호를 나타낸다.

테슬라 전기자동차의 특허(特許)를 바라보면 볼수록 필자(筆者)는 가슴이 뛴다. 즉 필자(筆者)는 테슬라(TESLA) 자동차에 대하여 감동하고 있으며, 그 매력에 취해있다.

또한 엘론 머스크(Elon Reeve Musk) 회장과 테슬라(TESLA)社는 전기자동차의 시대를 열기위하여 매우 섬세하게 준비하며, 연구 개발(R&D)하고 있음을 확인할 수 있었다.

테슬라社는 (1)리튬이온 배터리 배치(Battery Placement)와 관련하여 총 25건(15.8%), (2)배터리 관리 시스템(BMS: Battery Management System)과 관련하여 총 28건(17.7%), (3)배터리 냉각(Battery Cooling)과 관련하여 총 14건(8.9%)[7]의 특허(特許)를 출원하여서 테슬라 전기자동차 전체 158건 중에서 42.4%인 총 67건이 바로 배터리와 관련된 특허이다.

즉 테슬라(TESLA) 전기자동차의 강력한 파워(Power)의 비밀 뒤에는 첫째, 유도전동기 냉각 기술(Cooling) 및 둘째, 배터리 배치(Placement), 관리(Management), 냉각(Cooling) 및 예열(Heating) 기술이 그 근간을 차지하고 있음을 알 수 있다.

테슬라 전기자동차의 강력한 파워(Power)의 2가지 비밀
 1) 유도전동기 냉각(Cooling) 기술
 2) 배터리 배치(Placement), 관리(Management),
  냉각(Cooling) 및 예열(Heating) 기술

---

7)테슬라社의 미국 등록특허 및 기술에 대한 분류는 본 필자(筆者)가 직접 수행한 것이다. 참고로, 표 5에서 모터, 배터리 등의 냉각기술(세부기술3)은 총 27건(17.1%)이며, 보다 세부적으로는 (1)모터 냉각기술: 4건(2.5%), (2)배터리 냉각기술: 14건(8.9%), (3)충전 케이블 냉각기술: 1건(0.6%), (4)전기자동차 전체 냉각 시스템: 8건(5.0%)로 구성되어 있다.

그림 2-72. 테슬라社 대중화 SUV 전기자동차 모델 Y[8]

8) 테슬라社는 2019년 생산을 목표로 대중화 SUV인 모델 Y를 개발하고 있다. 테슬라 모델 Y 는 팔콘 윙(Falcon Wing)과 태양광 지붕(Roop)도 탑재 될 것으로 예상된다.

2-6
테슬라 루디크로스(Ludicrous) 모드 [제로백 1.9초]의 비밀, 유도전동기 특허 기술

2016년 8월 23일

테슬라(TESLA)社는 모델(Model) S P100D를 발표하면서 제로백 0~100[km] 도달하는 시간 2.5초라는 루디크로스(Ludicrous) 모델을 발표하였다.

여기서 "P"는 퍼포먼스(Performance)의 약어로 주행성능을 강화시킨 것이며, "100"은 리튬-이온 배터리의 용량으로 100[kWh]의 용량을 의미하며, "D"는 듀얼 모터(Dual Motor)의 약어로서 전류 및 후륜 구동이 모두 가능한 것을 의미하며, "루디크로스(Ludicrous)"는 "터무니없는" 이라는 제로백(0~100[km] 가속시간)이 2.5초인 것을 의미 한다[1].

2017년 11월 16일

테슬라(TESLA)社는 신형 로드스터(Roadster)를 발표하면서

---

1) 테슬라 전기자동차 모델 S는 현재 60S, 60D, 75S, 75D, 90S, 90D, P90S, P90D의 모델이 있다. 그리고 앞으로 P100S, P100D를 생산할 것이다. 여기서 "숫자"는 리튬-이온 배터리의 용량/ "S"는 싱글 모터(Single Motor)/ "D"는 듀얼 모터(Dual Motor)/ P는 주행성능을 향상시킨 퍼포먼스(Performance)를 의미한다.

제로백 0~100[km] 도달하는 시간 1.9초, 최고속도 400[km/h], 1회 충전으로 997[km](620 마일[mile])로 주행할 수 있는 세계 최고의 급가속 자동차를 발표하였다.허걱 제로백이 1.9초라...정말 엄청난 기술이다.

기존까지 테슬라 전기자동차 모델 S 90D 제로백 0~100[km] 가속시간이 4.4초였다. 하지만, 어떻게 로드스터(Roadster)는 제로백 1.9초, 모델 S P100D는 제로백이 2.5초 일 수 있을까??

핵심은 기술적으로 무엇인가 상당히 달라졌다는 것이다.

과연 어떤 기술이 적용되어서 전기자동차로 제로백이 2.5초를 한 것인지 그 놀라운 비밀에 대하여 살펴보겠다.

일반 자동차 운전자들은 제로백 0~100[km]가 가속시간 1.9초가 얼마나 대단한 것인지 별로 감이 없을 수도 있다.

그림 2-73는 기존에 세계에서 제로백이 가장 빠른 차량 랭킹 1위 내지 3위를 나타낸다. 제로백이 가장 빠른 차량은 영국의 자동차 제작사 에어리얼(Ariel)社에서 만든 아톰(Atom) 500 V8이다. 이 차량은 일반 상용화(대중화)된 자동차가 아닌 경주용 자동차이며, 제로백 0~100[km]의 가속시간이 2.3초이다.

상용화된 차량으로는 세계적인 슈퍼카(Super Car)로 인정받고 있는 독일 폭스바겐(Volkswagen)社에서 제작한 부가티 베이론 슈퍼 스포트(Bugatti Veyron Super Sport)와 독일 포르쉐(Porsche)社에서 만든 포르쉐 918 스파이더 바이삭 패키지(Porsche 918 Spyder Weissach Package)가 있다.

자동차를 좋아하는 사람들은 한번쯤은 그 이름을 들어봤을 것이다. 슈퍼가의 대명사인 "부가티", "포르쉐"...

두 차량은 제로백이 세계 공동 2위로서 2.6초이다. 폭스바겐社의 부가티 베이론 슈퍼 스포트의 가격은 약 25억 내지 30억원이며, 포르쉐社의 포르쉐 918 스파이더 바이삭 패키지는 13억 내지 15억원의 가격으로 판매되고 있다. 특히 폭스바겐社의 부가티 베이론 슈퍼 스포트는 1200마력[HP]의 출력을 가지며, 포르쉐社의 포르쉐 918 스파이더 바이삭 패키지는 887마력[HP]

(a) 에어리얼 아톰 500 V8(기존 제로백 세계 1위: 2.3초)

(b) 부가티 베이론 슈퍼 스포트(기존 제로백 세계 공동 2위: 2.6초)

(c) 포르쉐 918 스파이더 바이삭 패키지
(기존 제로백 세계 공동 2위: 2.6초)

(d) 코닉세그 원(좌측), 닛산 GT-R(우측)
(기존 제로백 세계 공동 3위: 2.7초)

그림 2-73. 기존에 제로백이 가장 빠른 차량 랭킹 1위 내지 3위

을 보유하고 있으며, 제로백 0~100[km]의 가속시간이 2.6초로 세계랭킹 공동 2위이다.

그 다음으로는 스웨덴 에커그룹에서 만든 코닉세그 원 (Koenigsegg One)은 1380마력[HP]을 보유하며, 일본 닛산 (Nissan) GT-R은 545마력[HP]을 가지며, 제로백 0~100[km] 의 가속시간이 2.7초로 세계랭킹 공동 3위를 차지하고 있었다.

위의 차량들은 한마디로 슈퍼카(Super Car)로서 수억에서 많 게는 수십억원을 호가하는 엄청난 파워(Power)를 자랑하는 자 동차이다.

하지만, 이제 세계에서 가장 빠른 차는 내연기관 차가 아 니라 전기차이다. 전기차인 테슬라(TESLA) 신형 로드스터 (Roadster)가 제로백 1.9초로서 최고의 자동차가 되었으며, 테 슬라(TESLA) 전기자동차 모델(Model) S P100D는 제로백 2.5 초로서 이제 당당히 세계 3위의 가속력을 가진 차량이 되었다.

바로 전기차 혁명의 시대가 펼쳐지고 있다.

세계에서 순간가속력(제로백)이 가장 빠른 자동차 순위

1위 : 미국 테슬라社 신형 로드스터 (제로백 1.9초)
2위 : 영국 에어리얼社 아톰 500 V8 (제로백 2.3초)
3위 : 미국 테슬라社 모델 S P100D (제로백 2.5초)
4위 : 독일 폭스바겐社 부가티 베이론 슈퍼 스포트
       (제로백 2.6초)
4위 : 독일 포르쉐(Porsche)社 918 스파이더 바이삭 패키지
       (제로백 2.6초)
5위 : 스웨덴 에커그룹 코닉세그 원(제로백 2.7초)
5위 : 일본 닛산 GT-R(제로백 2.7초)

그림 2-74. 세계 최고의 가속을 갖는 테슬라 신형 로드스터

　　이제 테슬라 전기자동차는 그냥 전기자동차가 아니다. 당당
하게 슈퍼카(Super Car)에 그 이름을 올린 자동차로 급부상한
것이다. 더욱이 그동안 슈퍼카(Super Car)라는 자동차는 주로
독일, 영국, 스웨덴 등의 유럽 자동차 회사가 그 순위를 차지하

고 있었지만, 이제는 순수 100% 친환경 전기자동차라는 이름으로 미국의 테슬라(TESLA)라는 이름이 당당하게 최고의 가속력을 가진 차량으로 등극하게 되었다(그림 2-74 참고).

더 대단한 것은 테슬라社는 기존에 제로백 4.4초에서 어떻게 제로백이 1.9초(로드스터) 제로백 2.5초(모델 S)로, 말 그대로 "루디크로스(Ludicrous)-터무니없는" 순간 가속력의 발전을 이룰 수 있었을까??

과연 무엇이 달라졌을까??

모터(유도전동기) 출력(파워)을 더욱 올렸니??

결론부터 말하면 "아니다" 그래서 더욱 놀라운 것이다.

이것 기술의 혁신이고

전기자동차 전문가의 눈으로 보기에는 기술(技術)을 넘어서는 예술(藝術, Art)의 경지에 이르는 것이다.

필자(筆者)에게는 다른 것보다 바로 테스라(TESLA)社의 특허(特許)를 검토하면 가슴 뛰게 만드는 그 무엇인가가 있다.

정말 테슬라社 특허는 "진정으로 나에게 감동을 주는 특허"이다.

테슬라(TESLA)社의 158건 미국 등록 특허 중에서 전력변환 및 모터기술이 13건(8.23%)이며, 보다 세부적으로는..

1) 유도전동기와 관련된 기술이 6건(3.80%)
2) 유도전동기 제어를 위한 인버터(Inverter) 제어기술이 3건(1.90%),
3) 배터리 충전 및 유도전동기 전력변환을 위한 양방향 (bidirectional) 컨버터 기술 2건(1.27%)
4) 기타 기술 2건(1.27%)으로 구성되어 있다.

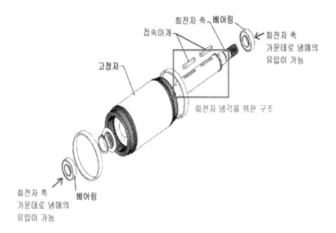

그림 2-75. 테슬라 전기자동차 유도전동기 구조에 관한
특허 US8365392호

그림 2-75는 테슬라 전기자동차 유도전동기 구조에 관한 특허 US8365392호를 나타낸다. 이 특허에서 테슬라社는 회전자의 축(軸) 가운데로 냉매가 흐를 수 있는 베어링(Bearing) 및 회전자 구조체를 제안하였다. 이미 앞에서 설명한 것처럼 유도전동기의 고정자 및 회전자를 냉각시키는 기술을 유도전동기 최대 출력을 약 4배 이상으로 끌어올리는 기술로서 테슬라 전기자동차의 강력한 파워를 만드는 가장 핵심기술이라고 할 수 있다[2].

약 100마력[HP] 유도전동기로 최대 400마력[HP] 이상의 출력(파워)을 만드는 기술이다. 즉 제로백 0~100[km]를 4.4초로 나오게 만드는 가장 핵심기술은 유도전동기 냉각 기술이라고 할 수 있을 것이다.

그러면, 테슬라社가 제로백이 1.9초(로드스터) 제로백 2.5초(모델 S)를 달성하기 위한 비밀은 US7741750호, US8122590호, US8154166호 및 US8154167호의 4건의 미국 등록 특허

---

2) 제2장 2-1절에서 설명하였다.

를 통하여 이룩한 것으로 보인다.

　유도전동기에서 초기에 기동전류를 줄이고, 큰 기동토크를 얻는 방법으로 유도전동기의 이중농형(Double squirrel case)[3]이라는 기술이 있다. 또한 기동 및 정지가 빈번하게 일어나는 유도전동기에서 냉각(冷却)효과가 우수한 방법으로 유도전동기의 심구농형(Deep bar rotor)[4]라는 기술이 있다.

테슬라 전기자동차의 파워와 순간 가속력의 비밀

1) 유도전동기 고정자 및 회전자 냉각기술
　약 100마력[HP] 유도전동기로 400마력[HP] 이상의 출력(파워)을 발생시킴
　▷ 미국 특허 US7489057호, US7579725호 및 US9331552호

2) 이중농형 + 심구농형을 결합시킨 유도전동기 기술
　제로백 1.9초(0~100[km]의 가속시간)을 달성
　▷ 미국 특허 US7741750호, US8122590호, US8154166호 및 US8154167호

　테슬라社는 제로백이 1.9초(로드스터) 제로백 2.5초(모델 S)를 달성하기 위하여 바로 유도전동기의 이중농형(Double squirrel case)과 심구농형(Deep bar rotor)을 결합시킨 새

---

3) 이중농형(Double squirrel case) : 이중(二重)이라는 의미는 회전자의 슬롯(Slot)이 2개의 구멍으로 되어있는 유도전동기이다. 장점은 기동토크가 크고 기동전류가 작은 것이 장점이다. 참고로, 농형(籠形)은 항아리 형의 구조물을 의미하는 것이다.
4) 심구농형(Deep bar rotor) : 슬롯(Slot)의 폭에 비해 현저하게 깊게 회전자 도체를 적용시킨 유도전동기이다. 장점은 기동 및 정지가 빈번하게 일어나는 유도전동기에서 냉각(冷却)효과가 우수한 것이 장점이다.

로운 형태의 테슬라(TESLA) 유도전동기를 만든 것으로 분석된다. 전기기계 분야의 전문가가 아닌 일반인들은 이중농형(Double squirrel case)과 심구농형(Deep bar rotor)이라는 기술이 상당히 어색할 수 있지만, 이중농형은 회전자의 도체를 넣을 수 있는 슬롯(Slot)이 2중(2단)으로 배치되어 있는 유도전동기를 의미한다.

그림 2-76은 대표적인 이중농형 방식의 유도전동기 구조를 나타내며, 그림 2-77은 이중농형 방식의 유도전동기 회전자 슬롯(Slot) 단면을 나타낸다. 그리고 그림 2-78은 심구농형 방식의 유도전동기 회전자 슬롯(Slot) 단면을 나타낸다.

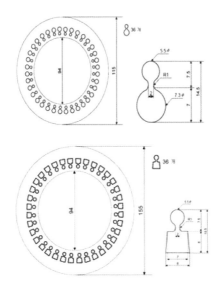

그림 2-76. 이중농형 방식의 유도진동기 구조

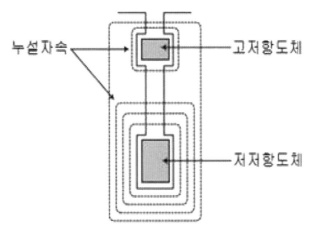

그림 2-77. 이중농형 방식의 유도전동기 회전자 슬롯(Slot) 단면

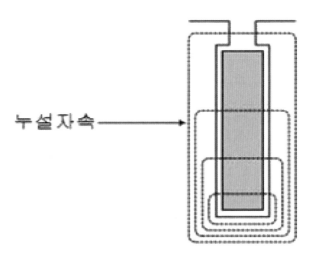

그림 2-78. 심구농형 방식의 유도전동기 회전자 슬롯(Slot) 단면

간단하게 말해서 이중농형(Double squirrel case)은 유도전동기의 고정자의 슬롯(Slot)이 2중의 구조로 되어있는 방식을 의미한다. 이중농형은 상부 슬롯(Slot)에 저항이 높은 고저항 도체를 삽입하고, 하부 슬롯(Slot)에 저항이 낮은 저저항 도체를 삽입하는 유도전동기 구조이다.

　초기 기동시의 전류는 저항이 높은 상부도체로 흐르므로, 기동토크가 증가하고 동시에 기동 전류가 작으며, 정상상태에서는 저항이 낮은 하부 도체 전류가 흐르므로 우수한 운전특성을 보이는 것을 기술적 특징이 있다. [5]

　또한 심구농형(Deep bar rotor)은 유도전동기에서 회전자 슬롯(Slot)이 폭에 비해 현저하게 깊은 방식으로 유도전동기의 기동 및 정지가 자주 되풀이되는 경우에 적합하고, 특히 냉각(冷却) 특성이 우수한 것이 장점이다. [6]

---

5) 이중농형(Double squirrel case) 동작원리 설명(전공자 및 전문가를 위한 설명, 일반인께서 이해하기 어렵지만 참고하기 바람) : 이중농형 유도전동기는 기동시에는 회전자 주파수가 고정자 주파수와 같이 크므로, 회전자 전류는 저항보다 리액턴스(Reactance)에 의해서 제한된다. 따라서 리액턴스가 큰 하부 슬롯(Slot)에는 거의 흐르지 않고, 대부분의 전류는 저항이 높은 상부도체로 흐르게 된다. 기동토크는 회전자 저항에 비례하므로 기동시에는 저항이 높은 상부 슬롯(Slot)에 흐르는 전류에 의해서 큰 기동토크가 발생한다. 즉 이 기동토크에 의해서 테슬라 전기자동차는 제로백 2.5초를 달성할 수 있었던 것이다. 유도전동기가 가속하여 슬립(Slip)이 적은 상태로 운전하면, 회전자 주파수가 작기 때문에 회전자 누설 리액턴스는 대단히 작게 된다. 따라서 회전자 전류는 저항에 의해서 제한되며, 대부분의 전류는 저항이 작은 하부 슬롯(Slot)에 흐르게 된다.
6) 심구농형(Deep bar rotor) 동작원리 설명(전공자 및 전문가를 위한 설명, 일반인께서 이해하기 어렵지만 참고하기 바람) : 심구농형 유도전동기는 회전자 슬롯(Slot) 안의 도체에 전류가 흐르면, 슬롯 바닥에 가까운 도체일수록 많은 누설자속과 쇄교한다. 기동시에는 회전자 주파수가 높으므로 슬롯(Slot) 바닥에 가까운 도체부분에 누설 리액턴스는 현저하게 크게되어, 회전자 저항이 크고, 회전자 리액턴스가 작은 유도전동기로 동작하여 큰 기동토크가 발생한다. 또한 회전자가 가속하여 슬립(Slip)이 감소하여 정상 운전상태에 도달하면, 회전자 주파수는 극히 낮아지므로 표피효과는 거의 없어지고, 회전자 도체 내의 전류분포가 균일하게 되어 회전자 저항이 높

이 책을 읽는 독자(讀者)에게 정말 수고하셨다고 말씀드리고 싶다. 왜냐하면... 이중농형(Double squirrel case)과 심구농형(Deep bar rotor).... 무슨 전기기계 특강시간도 아니고... 이해하기 난해한 단어로서 채워진 정말 재미없는 글을 읽어주셔서 감사의 뜻을 전한다. 전기공학 박사인 필자(筆者)가 가장 이해하기 쉽게 쓰려고 노력한 점은 꼭 기억해주시길 부탁드린다.

필자(筆者)가 진정 감동하고 있는 것은 바로...

테슬라(TESLA) 전기자동차 제로백이 1.9초(로드스터) 제로백 2.5초(모델 S)의 유도전동기 기술은 이중농형 + 심구농형을 환상적으로 결합시킨 기술이라는 것이다.

정말 좋은 기술(技術)과 특허(特許)를 보게 되면,

필자(筆者)에게는 가슴이 뛰는 감동이 있는데... 테슬라社의 유도전동기 400마력[HP] 이상의 파워를 발생시키는 냉각기술과 제로백은 최고 1.9초까지 끌어올리는 이중농형 + 심구농형 결합형 유도전동기 기술이 그러하다.

"기가 막히다!!", "Very Good!!", "Fantastic!!"

마치 기술(技術)이 드디어 예술(藝術, Art)로 승화되는 느낌이랄까??

유도전동기 기술 중에서

이중농형(Double squirrel case)은 순간 가속력을 높이는 기동토크와 기동전류가 작은 장점은 있지만 냉각(冷却) 특성이 우수하지 못하며, 슬롯(Slot)을 이중(Double)으로 제작해야만 하므로 가공비용이 높은 단점이 존재하고 있다.

심구농형(Deep bar rotor)은 기동 및 정지가 빈번하게 일어나는 유도전동기에서 유리하고 냉각(冷却) 특성이 우수하다.

자동차라는 것은 한마디로 기동 및 정지가 빈번하게 일어하는

은 유도전동기로 동작한다. 심구농형(Deep bar rotor) 방식의 장점은 슬롯(Slot)이 긴 단면을 가지므로 이중농형(Double squirrel case)과 비교하여 효율특성이 우수한 것이 장점이다.

장치이다. 즉, 가다, 서다를 하루에도 수백 또는 수천 번 반복하는 장치이다. 더불어 자동차 운전자들은 순간가속력이 높은 것은 선호한다.

테슬라 전기자동차 유도전동기는 바로 이중농형(Double squirrel case)의 장점과 심구농형(Deep bar rotor)의 장점을 결합시키며, 이중농형(Double squirrel case)의 냉각(冷却) 특성이 우수하지 못한 것과 가공비용이 높은 단점을 심구농형(Deep bar rotor) 방식으로 극복하는 해법을 제안한 것이다.

그림 2-79와 그림 2-80은 테슬라 이중농형 + 심구농형 유도전동기 특허 US7741750호, US8122590호, US8154166호 및 US8154167호를 나타낸다.

테슬라社는 유도전동기 회전자 슬롯(Slot)의 전체적인 형상을 슬롯(Slot)의 폭에 비해 현저하게 깊게 회전자 도체를 적용시킨 심구농형(Deep bar rotor)으로 하였다.

그리고 심구농형(Deep bar rotor) 슬롯(Slot)에 저항 값이 낮은 저저항 도체와 저항 값이 높은 고저항 도체를 2중(2단)으로 배치한 새로운 테슬라(TESLA) 유도전동기를 제안한 것이다. 즉 심구농형(Deep bar rotor)에 이중농형(Double squirrel case)의 권선배치를 한 것이다.

이제까지 전기자동차라는 이미지를 생각하면, 꼬마자동차 붕붕의 이미지를 벗어나지 못하고 있다. 즉 전기자동차라고 하면, 휘발유 또는 경유자동차와 비교하여 출력(파워)이 "약하고", "작고", "가볍다", "속도도 느리다"라는 이미지가 가득하였다.

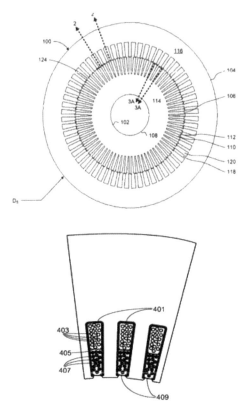

그림 2-79. 테슬라 이중농형 + 심구농형 유도전동기
특허 US7741750호, US8154167호

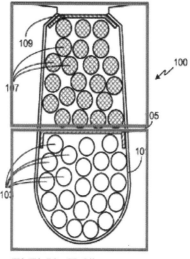

고저항 도체

저저항 도체

그림 2-80. 테슬라 이중농형 + 심구농형 유도전동기
특허 US8122590호, US8154166호

그림 2-81. 꼬마자동차 붕붕

테슬라 전기자동차가 인기가 있는 이유...

그것은 기존의 전기자동차가 "약하고", "작고", "가볍다", "속도도 느리다"라는 이미지를 완전히 뛰어넘었기 때문이다.

테슬라 전기자동차는 아마 스스로 이렇게 말하고 있는 것 같다.

이제 나는 왠만한 휘발유 및 경유 자동차보다 더 파워(Power) 센데... 나랑 한번 달려볼까...

이제 제로백이 2.5초(최고 1.9초)야...휘발유 및 경유 자동차이길 수 있니? 나(테슬라 전기자동차) 이제 수준이 "부가티", "포르쉐" 수준이야.....ㅋ

그리고 테슬라社는 대중화를 위해서 저렴한 전기자동차인

자가용 타입(Type)의 모델 3, 그리고 SUV 타입(Type)의 모델 Y의 출시를 하고 있다.

그래서 테슬라 전기자동차를 사려고 줄서고 있는 것이 아닐까??

2-7
슈퍼 충전기와 관련된
특허 기술

전기자동차라고 한다면 몇 가지 근본적인 약점이 있다.

1) 전기 모터가 가지는 한계로 인하여 출력(파워)이 약하다.
2) 배터리의 안정성 및 에너지 저장 특성이 온도에
   크게 영향을 받는다.
3) 배터리의 에너지 밀도의 한계로 인하여
   장거리 주행이 어렵다.
4) 배터리의 충전시간이 길다.

이제까지 테슬라(TESLA)社를 제외한 대부분의 자동차 회사
는 약 100마력[HP] 이하의 전기자동차를 양산하고 있었다. 전
기자동차라면 친(親)환경적이고, 유지비가 싸고, 경제적이고 등
등 다 좋은데, 꼬마자동차 붕붕의 컨셉(Concept)을 뛰어넘기
어려운 한계점에 있었다.

하지만, 테슬라(TESLA)社는 전기 모터가 가지는 출력(파워)
의 한계를 첫째, 모터의 고정자 및 회전자 냉각(冷却)기술과 둘
째, 이중농형 + 심구농형을 결합시킨 유도전동기 기술을 결합시

켜 한마디로 슈퍼카(Super car) 수준으로 올려서 극복했다.

전기공학 박사인 필자(筆者)는 이미 전기소자 중에서 가장 발달이 안 되어 있는 것이 바로 배터리(Battery)라고 하였다.

스마트 폰(Smart-Phone)을 쓰는 대부분의 사람은 느낄 것이다. 새로 스마트 폰(Smart-Phone)을 사면 처음에는 1회 충전하고, 2~3일 쓰는 것 같은데..... 한 1년 정도 지나면, 1회 충전하고 1일을 넘기기가 버거운 것 같고..... 3년 정도 지나면, 반나절도 안가는 그 느낌을 다들 경험해보았을 것이다.

그리고 새롭게, 스마트 폰 매장에 들려서 배터리를 구입하려고 하면.....매장 직원은.... "스마트 폰 약정 기간도 끝나셨는데, 새로운 모델로 바꾸시죠", "요즘 그런 배터리 안 나와요.." 라고 말하고 있다. 그리고 대부분의 스마트 폰 사용자는 그래 이번에 바꾸자.... 그래서 새로운 스마트 폰을 구입한 경험은 있을 것이다.

그림 2-82. 스마트 폰(삼성 갤럭시 노트 8, 애플 아이폰 8)

요즘에 또 새롭게 떠오르는 품목이 있다면, 다름 아닌 무인비행기 드론(Drone)이다. 이미, 드론(Drone)은 초등학생 애들이 가지고 노는 장난감 수준을 넘어서고 있다. 드론을 이용하여 방송촬영은 기본이고, 산불감시, 농약살포...... 그리고 드론 자가용 및 택시까지 나오는 시대에 살고 있다.

그림 2-83. 드론(드론을 이용한 택시, 피자 배달, 농약살포, 촬영)

음... 드론(Drone)을 이용해서 다양한 산업에 적용하는 것
"아주 신선한 매우 좋은(Very Good) 아이디어"이다.

결국 드론(Drone)도 전기자동차와 마찬가지로, 배터리와
모터제어 기술의 종합 비행체이다.

그런데 충격적인 사실은??

드론(Drone)이 공중에서 몇 분이나 떠 있을 수 있을까???

분명히 말할 수 있는 것은 최대 1시간도 안 된다.

고작 30~40분 정도...그것도 날씨가 아주 좋을 때이다.

만약 기온이 영하 -10도 아래로 떨어진다면.....

배터리(Battery)도 결국 화학 반응을 통해서 전자를 이동시
키며, 전기에너지를 생산하기 때문에 온도에 상당한 영향을 받
게 된다.

첫째, 온도가 높아지면 ▷ 화학반응은 활발하게 될 것이고
　　　　▷ 배터리는 과열(過熱)될 것이고 ▷ 배터리 폭발사고
　　　　가 있을 수 있다.

둘째, 온도가 낮아지면 ▷ 화학반응은 둔하게 될 것이고
　　　　▷ 영향 수십도 아래로 떨어지면, 배터리 용량은
　　　　1/5 이하로 떨어지게 될 것이고 ▷ 배터리가
　　　　더 이상 전기에너지 공급원으로 기능하지 못하게
　　　　될 것이다[1].

드론(Drone)에 대해 더 충격적인 사실은??

드론(Drone)의 배터리가 완전방전 되었을 때 충전하는데,
배터리를 사용하는 시간 보다 몇 배의 시간이 필요한지 아는
가??

필자(筆者)가 하고 싶은 이야기의 핵심은 바로 배터리
(Battery)라는 소자가 기술적으로 발전해야 할 길이 멀다는 것
이다.

────────────────

1) 그림 2-68 참고

테슬라(TESLA)社는 리튬-이온 배터리 안정성을 위하여 배터리의 온도 검출 및 배터리의 과열(過熱) 방지를 위하여 배터리 냉각(冷却) 기술을 도입했으며, 동시에 추운 곳에서 배터리의 용량이 떨어지는 것을 방지하기 위하여 배터리 예열 기술을 도입하였다. 즉 결국 테슬라社는 전기자동차에서 배터리의 안정성과 온도의 변화로 인한 에너지 저장 특성의 변화에 적극 대처하는 기술을 도입하여 이를 해결하였다.

그리고 테슬라社가 전기자동차를 상용화하는데 있어서 배터리에 대하여 남은 숙제는 바로 배터리의 에너지 밀도의 한계로 인하여 장거리 주행이 어렵다는 것과 리튬-이온 배터리의 충전시간이 길다는 것이다.

표 8. 휘발유와 리튬-이온 배터리의 에너지 밀도 비교

기준	휘발유	리튬-이온 배터리	차이
무게(1kg 기준)	46MJ	0.7MJ	65.71배
부피(1L 기준)	36MJ	2.23MJ	16.14배

앞에 표 1에서 이미 언급하였지만, 현재 리튬-이온 배터리가 정말 많은 기술발전이 있었음에도 불구하고, 휘발유와 비교하여 리튬-이온 배터리는 무게 기준 약 1/65배 정도, 부피 기준 약 1/16배 정도로 에너지 밀도가 낮다.

테슬라(TESLA) 전기자동차는 한마디로 차량의 밑바닥이 거의 배터리로 채워져 있다. 18650 리튬-이온 배터리를 약 6216[개] 내지 7548[개] 사용했지만, 그래도 주행거리의 한계는 분명하게 존재한다.

"그럼 곳곳에 전기자동차 충전소를 설치하면 되겠지…. 아님 운전자가 전기 충전기를 가지고 다니면서 충전하던지…."라고, 아주 단순하게 생각할 수 있지만, 문제는 배터리 충전시간이다.

여기서 또 다른 복병(伏兵)을 만나게 된다.

배터리의 충전시간이 엄청나게 길다는 것이다.

이 책을 읽는 독자(讀者)분은 모두 스마트 폰(Smart Phone) 배터리를 충전해 보았을 것이다. 전기자동차의 배터리 용량과 비교도 되지 않는 작은 배터리 용량의 스마트 폰 배터리도 충전하는데 상당한 시간이 걸리는데.... 전기자동차는 약 6~8시간의 시간이 걸린다.

배터리의 충전이라는 것은 한마디로 속 터지는 이야기이다.

여기서 잠시 샛길로 빠져보겠다.

필자(筆者) 세상에서 가장 존경하는 사람 단 1명을 꼽으라면 주저하지 않고 위대한 발명왕 토마스 에디슨(Thomas Alva Edison)이라고 말할 것이다.

필자(筆者)는 2017년 2월에

"세상을 바꾼 위대한 혁신가!!

토마스 에디슨의 꿈, 발자취 그리고 에디슨 DNA"

라는 책을 출판하였다. 필자(筆者)의 책 홍보할 의도는 전혀 없지는 않고, 아주 조금 있음은 양해해 주기 바란다. 필자(筆者)가 토마스 에디슨을 수많은 사진 중에서 가장 감동하는 사진은 그림 2-84의 65세 토마스 에디슨이 잠든 사진이다.

그림 2-84. 연구실 테이블에서 잠든 에디슨(1911년, 만 64세)[2]

---

[2] 1911년 에디슨은 64세 나이에 전화기, 축음기, 배터리, 광물분쇄, 광물 이송 등 총9건의 특허를 등록받았으며, 특히 전화기에 축음기를 결합하여 전화 녹음기를 세계 최초로 개발하였다.

1911년 토마스 에디슨은 환갑(還甲)이 훨씬 넘은 65세(만 64세)이다. 그는 이미 전신기, 축음기, 전화기, 전구 등을 발명하여서 세계 최고의 발명가로 인정받으며, 명예와 돈이 충분한, 한마디로 성공한 사람이라고 할 수 있다.

어쩌면 "영감님 이제 쉬시고, 인생을 즐기시죠!!"

라는 말을 들을만한 나이임에도 65세, 토마스 에디슨은 축음기의 성능 개선, 배터리 재료개발, 광석분리, 제련 및 시멘트 관련 발명을 위해서 열정적으로 연구하였고, 자신의 실험실에 충분히 있을 법한 편안한 안락의자나 침대가 아닌, 딱딱하고 불편한 연구실 나무 테이블에서 웅크리고 자고 있기 때문이다.

필자(筆者)는 2015년 가을

대한민국 특허청 전기분야 심사관(사무관)으로 테슬라(TESLA)를 만나러 미국으로 하게 되었다. 세계적인 발명왕이자 과학자 니콜라 테슬라(Nikola Tesla)가 아니라 엘론 머스크(Elon Musk) 회장의 테슬라(TESLA) 전기자동차 특허(特許) 및 최신기술 분석을 위하여 미국으로 연수를 가게 되었다.

테슬라 전기자동차의 메인(Main) 배터리가 리튬-이온 배터리 이고, 1991년에 일본 소니(Sony)사가 폭발성이 강한 리튬(Li)을 안정화 시키는 기술을 완성 및 상용화하여 지금의 리튬-이온 시대가 열리게 되었다.

2015년 가을, 필자(筆者)는 테슬라 전기자동차 특허 및 최신기술 분석 연수보고서를 작성하면서 근본적인 궁금증이 생겼다.

"도대체 리튬(Li)을 세계 최초로 배터리(Battery)에 적용하여 특허로 발명한 사람은 누굴까??"

미국 버지니아 주립대학(조지 메이슨 대학)의 도서관에서 이 궁금증을 가지고 자료를 검색하기 시작하였다.

그리고 깜짝 놀랄만한 특허(特許)를 하나 발견한 것이다.

- 특허번호: US876445호
- 발명의 명칭 : 알카라인 배터리
- 발명자 : 토마스 에디슨
- 특허출원일 : 1907년 5월 10일
- 특허등록일 : 1908년 1월 14일

UNITED STATES PATENT OFFICE.

THOMAS A. EDISON, OF LLEWELLYN PARK, ORANGE, NEW JERSEY, ASSIGNOR TO EDISON STORAGE BATTERY COMPANY, OF WEST ORANGE, NEW JERSEY, A CORPORATION OF NEW JERSEY.

ELECTROLYTE FOR ALKALINE STORAGE BATTERIES.

No. 876,445.   Specification of Letters Patent.   Patented Jan. 14, 1908.

Application filed May 10, 1907. Serial No. 372,919.

To all whom it may concern:

Be it known that I, THOMAS A. EDISON, a citizen of the United States, and a resident of Llewellyn Park, Orange, in the county of Essex and State of New Jersey, have invented certain new and useful Improvements in Electrolytes for Alkaline Storage Batteries, of which the following is a description.

proportion may be varied more or less on either side of this quantity. The preferable solution when sodium hydrate is used is about 15% and when potassium hydrate is used, about 21%, or in other words each 100 c. c. of solution will preferably contain of sodium hydrate 15 grams or of potassium hydrate, 21 grams.

1. An alkaline electrolyte for storage batteries, employing lithium hydroxid, substantially as set forth.

2. An alkaline electrolyte for storage batteries, employing sodium or potassium hydrate, and containing about two per cent. of lithium hydroxid, substantially as set forth.

3. A storage battery employing as active materials compounds of nickel and iron, and an alkaline electrolyte employing sodium or potassium hydrate, and containing lithium hydroxid, substantially as set forth.

This specification signed and witnessed this 8th day of May 1907.

THOMAS A. EDISON.

Witnesses:
FRANK L. DYER.

그림 2-85. 세계 최초 리튬-이온 배터리 특허 US876445호

그림 2-86. 필자(筆者)가 가장 존경하는 인물
(발명왕 토마스 에디슨)

눈을 크게 뜨고 이 토마스 에디슨 특허(特許)의 청구항 (Claim)을 보기 바란다. 분명하게 있는 "리튬 하이록시드 (Lithium Hydroxid)"

토마스 에디슨의 특허 US876445호는 바로 리튬-이온 배터리의 세계 최초의 특허이다.

이 특허(特許)를 만난 것은 마치 흙 속에 진주를 찾은 느낌이랄까...

와우~~... 발명왕 토마스 에디슨이.... 이런 리튬-이온 배터리 특허를 무려 110년 이전에 특허로 출원하다니....

필자(筆者)는 전기공학 공학박사이고, 대한민국 특허청 전기 분야 심사관으로 무려 11년 이상 일하였다. 또한, 대학 및 석.박사 과정에서 공부도 했고, 배터리(Battery)와 관련하여 수많은 책과 관련 특허(特許)를 검토하였다.

그런데 솔직히 필자(筆者)도

"리튬-이온 배터리의 최초 발명가가 다름 아닌 위대한 발명왕 토마스 에디슨"이라는 사실은 2015년 가을에 처음 알게 되었다.

수많은 배터리 관련 서적에서도 리튬-이온 배터리의 최초 발명가인 토마스 에디슨(Thomas Alva Edison)에 대한 이름조차 발견할 수 없었다.

2015년 가을과 겨울 미국에서 연구하면서,

버지니아 주립대학(조지 메이슨 대학)의 도서관에서

매일 아침부터 밤늦게까지 테슬라(TESLA) 전기자동차 특허를 검토했고, 토마스 에디슨의 특허를 한건, 한건 씩 보다가, 에디슨의 1,093개 특허를 모두 검토하였다.

그리고 놀라운 사실 또 한 가지를 발견하였다.

토마스 에디슨이 배터리와 관련해서 무려 135건의 발명을 하였다는 사실이다.

세계적인 발명왕, 전구의 아버지 토마스 에디슨이....배터리를....

"토마스 에디슨(Thomas Alva Edison)....

그는 위대한 배터리의 아버지...리튬-이온 배터리의 아버지.."

필자(筆者)가 전기공학을 전공하였고, 특허(特許) 관련 일을 하기 때문에.... 그냥 체면치레로.... 토마스 에디슨을 최고로 존경하는 인물로 꼽는 것이 아니다.

정말 진심으로 존경하게 된 것은 2015년 가을...

연수보고서를 쓰면서 만난 새로운 토마스 에디슨 때문이다.

필자(筆者)는 토마스 에디슨의 1,093건의 발명(특허 1,084건 + 디자인 9건)을 직접 분석하고, 표 9와 같이 정리하였다.

순위	발명 분야 (에디슨이 주로 연구한 나이)	미국특허 [건]	차지하는 비율[%]
1	전신기 관련 발명 22세(1869년) ~ 33세(1880년)	149	13.63
2	전화기 관련 발명 31세(1878년) ~ 45세(1892년)	40	3.85
3	전구 관련 발명 32세(1879년) ~ 48세(1895년)	171	15.65
4	발전기, 전동기 및 전력배선 관련 발명 32세(1879년) ~ 48세(1895년)	215	19.67
5	전기자동차 및 전기철도 관련 발명 34세(1881년) ~ 46세(1893년)	48	4.39
6	광석 및 시멘트 관련 발명 33세(1880년) ~ 72세(1919년)	102	9.33
7	전기기기 속도제어 관련 발명 32세(1879년) ~ 35세(1882년)	9	0.82
8	축음기 관련 발명 31세(1878년), 33세(1880년) 41세(1888년) ~ 84세(1931년)	189	17.29
9	배터리 관련 발명 36세(1883년) ~ 84세(1931년)	135	12.35
10	영사기 관련 발명 46세(1893년) ~ 71세(1918년)	10	0.91
11	기타	25	2.29
	전체	1,093	

표 9. 에디슨이 평생 집중했던 10가지 발명 분야[3]

3) 토마스 에디슨의 1,093건의 발명(특허 1,084건 + 디자인 9건)에 대한

그 시작은 토마스 에디슨의 세계 최초 리튬-이온 배터리 특허 US876445호에서 시작되었다. 토마스 에디슨의 특허를 검색하다본 특별한 발명이 눈에 띄기 시작했다.

그것은 무려 130년도 전에 토마스 에디슨은 전기자동차 및 전기철도에 관한 발명을 총 48건이나 하였다는 것이다.

토마스 에디슨의 뉴저지(New Jersey) 주(州) 웨스트 오렌지(West Orange) 연구소 입구 좌우(左右)에는 그의 아주 특별한 발명품이 전시되어 있다(그림 2-87 및 그림 2-88 참고).

그림 2-87. 토마스 에디슨의 웨스트 오렌지 연구소 입구[4]

분류는 본 저자가 에디슨 미국특허의 초록, 대표도면, 청구항을 읽고, 기술적인 관점을 중심으로 직접 분석 및 분류한 것이기에 기존의 에디슨 연구결과의 통계와 다소 차이가 있을 수 있다. (출처: 토마스 에디슨의 꿈, 발자취 그리고 에디슨 DNA)

4) 1876년~1887년(에디슨 29세~40세)까지 뉴저지 멘로 파크(Menlo park) 연구소에서 전신기, 전화기, 전구 등을 중심으로 발명했으며, 그 이후 1887년~1931년(에디슨 40세~88세)까지 멘로 파크(Menlo park) 연구소보다 10배 이상 확장된 뉴저지 웨스트 오렌지(West Orange) 연구소로 이전하여 축음기, 배터리, 전기철도 및 전기자동차, 광석분리, 시멘트, 영사기 등을 중심으로 활발하게 연구하였다. 현재 뉴저지 멘로 파크(Menlo park) 연구소는 없어졌으며, 그 자리에 토마스 에디슨을 기념하기 위하여 세계 최대 크기의 전구탑(電球塔)만이 있으며, 뉴저지 웨스트 오렌지(West Orange) 연구소는 Thomas Edison National Historical Park으로 지정되어, 에디슨의 연구실 및 실험장비와 그의 발명품이 전시되어 있다.

마치 쇠로 만든 마차의 뼈대처럼 보이는 이 발명품은 바로, 토마스 에디슨의 1880년 및 1882년의 전기철도에 대한 발명품이다.

그림 2-88. 토마스 에디슨의 웨스트 오렌지 연구소 입구
좌측의 전기철도(상측, 1880년) 및 우측의 전기철도(하측, 1882년)

토마스 에디슨이 전구(電球)와 전력시스템에 대하여 수많은 발명을 한 것은 잘 알려졌지만, 그가 전기자동차와 전기철도 분야에도 상당히 많은 관심을 가지고 있는 것은 대부분의 사람들이 잘 모르는 것으로 생각된다. 에디슨은 전기자동차 및 전기철도와 관련하여 총 48건의 미국특허를 등록은 받았으며, 에디슨 당시에는 발명을 특허출원하려면, 발명의 시작품(始作品)을 반드시 미국 특허청 담당자가 확인해야만 하였다[5]. 즉 토마스 에

5) 현재는 특허를 출원하면서, 반드시 시작품(始作品)을 만들지 않아도 되며, 아이디어(Idea)만으로도 발명의 실시하는데 충분히 가능성이 있다면, 특허청의 심사에서 특별히 발명의 성립성(成立成)에 대하여 문제를 삼지 않는 것이

디슨은 전기철도와 전기자동차 분야에 단순하게 관심만 가지고 아이디어(Idea)만 제안한 것이 아니고, 실질적으로 그 기술을 완성했던 것이다.

그림 2-89. 에디슨이 발명 및 제작한 최초의 전기철도[6]

토마스 에디슨이 완성한 전기철도 및 전기자동차 분야 특허를 살펴보면 33세인 1880년부터 전기철도 전력공급장치[7], 전기철도용 전자석 브레이크[8], 전기철도 엔진[9] 및 전기철도 구조[10]에 대하여 특허를 출원하였다.

일반적이다.

6) 전기철도 특허, US248430호, US263132호, US265778호, US446667호, US475491호, US475492호, US475493호 및 US475494호 등이 있다.

7) 전기철도 전력공급특허, US475491호, US475492호, US475493호 및 US475494호(1892년 05월 24일 등록, 1880년 06월 03일 출원)

8) 전기철도 브레이크특허, US248430호(1881년 10월 18일 등록, 1880년 07월 22일 출원)

9) 전기철도 엔진특허, US265778호(1882년 10월 10일 등록, 1880년 07월 22일 출원)

10) 전기철도 구조특허, US263132호(1882년 08월 22일 등록, 1880년 08월 19일 출원)

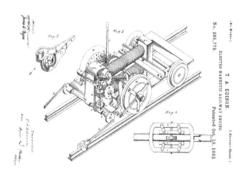

그림 2-90. 토마스 에디슨의 전기철도 엔진 특허

그림 2-90은 토마스 에디슨이 1880년 7월 22일 미국 특허청에 출원한 전기철도 엔진에 관한 발명으로서, 쇠로 만든 전기철도의 뼈대 가운데 권선이 감긴 직류(直流)전동기를 배치하고, 전동기의 전압제어를 수행함으로서, 속도제어가 가능한 전기철도의 엔진을 발명하였고, 자기적인 반발력을 이용한 전자석(電磁石) 브레이크를 발명하여 전기철도를 완전하게 정지(停止)하는 것에도 성공함으로서. 토마스 에디슨의 나이 33세인 1880년에 전기철도에 대한 모든 전반적인 기술을 완성시킨 것으로 생각된다.

그림 2-91. 토마스 에디슨이 발명 및 제작한 전기자동차[11]

11) 전기자동차 특허, US436127호 및 US436970호

토마스 에디슨은 그의 나이 43세인 1890년에 정해진 철도 레일이 아니라 자유롭게 움직일 수 있는 전기자동차에 대하여 관심을 가지고 연구하였는데, 직류(直流)전동기에서 발생하는 동력을 속도에 따라서 필요한 회전력으로 바꾸어 전달하는 변속기(變速器, Transmission) 및 자동차의 방향을 자유롭게 변경시킬 수 있는 조향장치(操向裝置, Steering System)[12]의 발명에 성공하였다.

그리고 필자(筆者)의 가슴을 감동시킨 토마스 에디슨에게서 보는 또 놀라운 특허(特許)를 하나 여러분에게 소개하겠다.

그것은 바로 1890년 9월 9일에 등록받은 토마스 에디슨의 전기자동차 직류 모터(DC Motor) 배치 특허 US436127호이다.

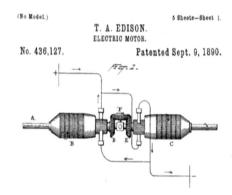

그림 2-92. 1890년 발명된 토마스 에디슨의 전기자동차
특허 US436126호

---

12) 전기자동차용 변속기 및 조향장치특허, US436970호(1890년 09월 18일 등록, 1890년 06월 10일 출원), US470927호(1892년 03월 15일 등록, 1891년 03월 26일 출원), US947806호(1910년 02월 01일 등록, 1908년 04월 17일 출원) 및 US1255517호(1918년 02월 05일 등록, 1912년 07월 31일 출원)

그림 2-92는 1890년 발명된 토마스 에디슨의 전기자동차 특허 US436126호이며, 그림 2-93은 현재 테슬라(TESLA) 전기자동차의 구동부분을 나타낸다.

그림 2-92의 1890년 토마스 에디슨의 전기자동차 특허와 그림 2-93의 전기자동차 구동부분을 잘 비교해보기 바란다.

토마스 에디슨은 무려 120년 전에 이미 전기자동차의 뒷바퀴를 제어하는 방법에 대하여 엄청나게 연구하였다.

무려 120년 전에 토마스 에디슨이....

그림 2-93. 미국 테슬라 전기자동차의 구동부분

1800년대 중반에 태어나서 세계를 바꾼 양대(兩大) 천재 발명가이자 과학자 토마스 에디슨(Thomas Edison)과 니콜라 테슬라(Nikola Tesla)....

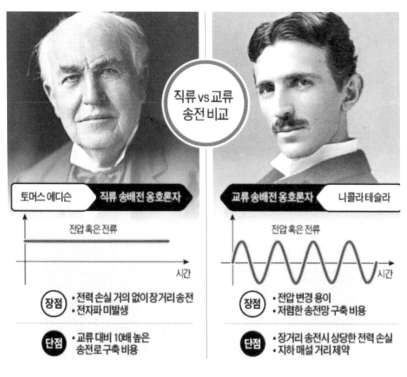

그림 2-94. 에디슨과 테슬라의 직류 vs 교류 송전 비교

세계를 바꾼 위대한 발명가 에디슨과 테슬라...

현재 대한민국의 전기(電氣)는 교류(AC) 220[V][13], 60[Hz]를 표준(標準)으로 사용하고 있다. 미국의 경우는 교류(AC) 110[V], 60[Hz]를 기준으로 한다.

110[V]는 토마스 에디슨(Thomas Edison)이 전구(電球)를 발명하면서 기준전압으로 설정했던 전압이며, 60[Hz]는 유도전동기의 회전속도[14]를 고려하여, 니콜라 테슬라(Nikola Tesla)가 설정했던 주파수이다.

즉, 우리가 쓰는 전기(電氣)인 교류(AC) 220[V]/60[Hz] 또

---

13) 대한민국은 승압작업이 완료되었으며 110[V]가 2배 승압된 220[V]가 전기의 표준 전압이다.

14) 유도전동기 회전속도는 $n = \dfrac{120 \cdot f}{p}$ [rpm] 이다.

여기서, f : 60[Hz] 주파수, p : 유도전동기 극수

는 110[V]/60[Hz] 그 속에는 위대한 양대(兩大) 천재 에디슨과 테슬라의 자취가 지금까지 녹아있다고 할 수 있을 것이다.

우리가 쓰는 전기(電氣) 220[V]/60[Hz]

토마스 에디슨과 니콜라 테슬라의 자취가 녹아있다.

전기(電氣)가 필수인 지금 시대도 우리는

에디슬라(에디슨-테슬라)의 시대에 살고 있다.

토마스 에디슨(Thomas Edison)의 1,093개 특허(特許)를 살펴보면, 흥미로운 점은 에디슨의 10대 발명 중에서 가장 오랜 시간 발명한 것이 바로 배터리 발명이며, 동시에 토마스 에디슨이 숨이 다하는 마지막 나이인 84세까지 연구하였던 최후의 발명이 바로 배터리(Battery)[15]라는 것이다.

많은 사람들은 니콜라 테슬라가 교류송배전 옹호론자이고, 토마스 에디슨이 직류송배전 옹호론자였으며, 에디슨과 테슬라의 교류(AC) vs 직류(DC)의 싸움에서 테슬라의 판정승이라고 평가하는 경향이 있다.

에디슨이 진정 원했던 전기의 세계는 무엇인가??

토마스 에디슨의 1,093개 특허를 모두 검토했던 필자(筆者)가 보기에 에디슨이 진정 원했던 전기의 세계는 직류송배전이 아니다.

"전기에너지의 완전한 독립(獨立)!! 이었다."

필자(筆者)의 평가는...

니콜라 테슬라가 교류(AC) 시스템을 주장하였고, 완성하였다

---

15) 배터리 전극판 특허, US1908830호(1933년 05월 16일 등록, 1923년 07월 06일 출원), 참고로 이 특허는 토마스 에디슨이 눈을 감은지 2년 후에 등록받은 특허이다.

면, 토마스 에디슨이 전기에너지의 완전한 독립(獨立)을 꿈꾸며 평생 노력했던 위대한 과학자이자 발명가이다.

그리고 필자(筆者)가 발견한 특별한 사진 한 장을 소개한다.

그림 2-95. 1898년 토마스 에디슨이 발명한 알라카인(Alkaline) 배터리를 사용하여 전기자동차 1000마일 주행 기념사진

그림 2-96. 2009년 엘론 머스크 테슬라 모델S 발표 기념사진

그림 2-95는 1898년 에디슨이 발명한 알라카인(Alkaline) 배터리를 사용하여 전기자동차 1000마일(약 1600km) 주행 기념사진이며, 그림 2-96는 2009년 엘론 머스크 테슬라

(TESLA) 모델S 발표 기념사진이다.

그림 2-95와 그림 2-96을 가만히 비교하여 보자면....

뭔가 묘한 느낌이 있지 않는가??

그럼 필자(筆者) 결국 궁극적으로 하고 싶은 이야기는 바로...

토마스 에디슨의 나이 84세, 1931년 눈을 감는 그 순간까지

진정으로 꿈꾸었던 전기에너지의 완전한 독립(獨立)...

아이러니(irony) 한 것은 에디슨이 눈을 감은지

약 80년이 지난 후에 토마스 에디슨이 그토록 원했던

전기에너지의 독립(獨立)이라는 꿈은..

토마스 에디슨 생애(生涯)의 최고의 경쟁자인 테슬라(TESLA)
라는 이름으로 지금 우리의 눈앞에서 완성되고 있다는 것이다.

니콜라 테슬라 : 교류(AC) 시스템을 완성함

토마스 에디슨의 꿈 : 전기에너지의 완전한 독립(獨立)

토마스 에디슨이 전정으로 원하던 꿈은

에디슨의 최고 경쟁자, "테슬라(TESLA)"라는 이름으로

지금 우리 시대에 완성되고 있다.

필자(筆者)는 테슬라 전기자동차 핵심특허 분석을 위해서
2015~2016년 미국으로 연수를 가서, 테슬라(TESLA) 전기자동
차의 아름다움과 함께 강력한 파워(Power)에 감동하여서 지금
이 책을 쓰게 되었지만, 테슬라(TESLA)를 만나면 만날수록 토마
스 에디슨이라는 위대한 발명가의 발자취와 만나게 된다.

그리고 토마스 에디슨의 발자취를 만나면 만날수록 에디슨을
진심으로 존경하며, 그에게 경의를 표한다.

"에디슨의 발명정신, 창의성, 도전정신 및 기업가 정신...."

바로 이 정신이 지금의 미국을 만드는 원동력이고, 지금도 미국에서 성공한 기업가에게 살아있는 정신이다.

토마스 에디슨이라고 하면 "전구의 아버지"라는 이름으로 전구만 기억하지만, 그는 리튬-이온 배터리, 전기자동차의 발명가이다. 토마스 에디슨의 1,093개 발명을 보면.....

전기투표 기록기, 주식시세용 전신기, 팩스(팩시밀리), 전기펜(Electric Pen), 복사기, 말하는 인형, 전화기, 녹음 스튜디오(Black Maria), 녹음기, 교환기, 전화 알람장치(전화벨), 아크램프, X레이용 램프, 전구의 소켓(Socket), 등(燈)기구, 배전반(配電盤), 진공(Vacuum)을 만드는 장치, 진공 테스터(tester) 장치, 발전기, 전동기, 전기기기 먼지(분진)방지장치, 전기기기 속도제어, 기어(Gear), 전력배전 시스템, 전류계(Amperemeter), 전압계(Voltmeter), 전봇대, 전선, 퓨즈(Fuse), 권선기(捲線機), 전기철도, 전기자동차, 동력전달 체인(Chain), 피뢰기(避雷器, Lightning arrester), 브레이크(Brake), 베어링(Bearing), 자동차 바퀴(타이어), 자동차용 라이트(Light), 광석분리, 용광로(鎔鑛爐), 시멘트 생산장치, 시멘트 소성로(燒成爐), 콘크리트 거푸집(틀), 방수 페인트, 방수섬유, 재봉틀, 방전만 가능한 배터리(1차전지), 충·방전이 가능한 배터리(2차전지), 니켈전지, 전지에서 리튬물질 사용, 배터리 충전기(充電器), 배터리 교환기(交換機), 압축기(壓縮機), 타자기, 무선통신, 영사기, 영화보는 안경, 카메라(Camera), 필름(Film), 전기용접기, 제본기, 코팅기, 헬기(헬리콥터), 전쟁용 탄환, 염소처리한 고무, 식물섬유 치료제, 식물에서 고무를 추출하는 방법, 튜브(빨대)를 생산하는 장치 등 한 마디로 과학과 관련된 모든 기술 분야에 발전에 엄청난 공헌을 하였다.

혹시 "토마스 에디슨은 생물학 분야의 대가(大家)"라는 사실을 아는가??

그럼 정말 궁금하시면, 필자(筆者)의 저서를 보시기 바란다.

"세상을 바꾼 위대한 혁신가!!

토마스 에디슨의 꿈, 발자취 그리고 에디슨 DNA"

그리고 지금 이 순간 미국에서는 마치 토마스 에디슨과 닮은 인물이 나타나서 미국을 넘어서 전 세계를 열광시키고 있다.

①인터넷 사업인 집투 코퍼레이션(Zip2 Corporation), ②온라인 은행 사업인 엑스닷컴(X.com) 및 페이팔(Paypal), ③민간 우주사업인 스페이스X(SpaceX), ④100% 전기로 동작하는 자동차 회사인 테슬라(TESLA) 전기자동차, ⑤태양에너지를 이용한 솔라시티(Solar City), ⑥미국 네바다(Nevada) 주(州)에 건설하는 세계 최고의 리튬이온전지 생산 공장 기가팩토리(Gigafactory) 및 ⑦최고속도 1280km/h(760mile/h)를 내며, 샌프란시스코에서 로스앤젤레스를 30분에 주파할 수 있는 혁신적인 교통수단인 하이퍼루프(Hyper Loop)를 사업화는 마치 토마스 에디슨과 같은 인물이 나타났다.그가 바로 토마스 에디슨의 정신을 계승한 사람이며.. 테슬라(TESLA)社의 회장인 엘론 머스크(Elon Reeve Musk)이다.

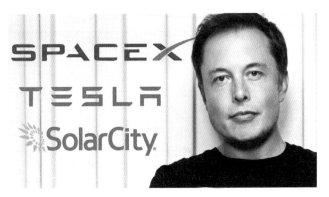

그림 2-97. 엘론 머스크(Elon Reeve Musk)

필자(筆者)가 슈퍼 충전기와 관련된 테슬라(TESLA) 전기자동차 특허(特許)를 이야기하면서, 샛길로 빠져서 상당히 돌아왔다. 그림 2-98은 테슬라(TESLA) 슈퍼충전소(Supercharger) 및 충

전기 구조를 나타내며, 표 10은 테슬라 슈퍼충전기의 주요 스
펙(Spec)을 나타낸다

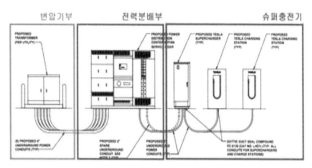

그림 2-98. 테슬라 슈퍼충전소 및 충전기 구조

구 분	충전 스펙(Spec)
입력전압	교류(AC) 200~480[V]
입력전류	280A @200~240VAC / 160A@480VAC
최대전력	150 [kWh]
주 파 수	50 또는 60 Hz
출력전압	직류(DC) 40~410[V]
출력전류	최대 210[A]
동작온도	-30℃ ~ 50℃
무 게	1320Lbs / 600Kg

표 10. 테슬라 슈퍼충전기의 주요 스펙(Spec) [16]

---

16) 테슬라 자동차 관련 인터넷 사이트,
    http://www.teslamotorsclub.com/showwiki.
    php?title=Supercharger

테슬라(TESLA) 슈퍼충전소의 충전기는 변압기부, 전력 분배부 및 충전기로 구성되어 있으며, 입력전압 교류(AC) 200~480[V], 입력전류 160~280[A], 최대전력 150[kWh], 출력전압 직류(DC) 40~410[V], 출력전류는 최대 210[A]를 공급할 수 있는 것을 기술적 특징으로 한다.

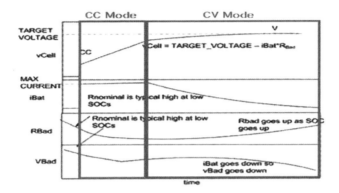

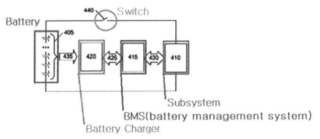

그림 2-99. 테슬라 슈퍼충전기
        특허 US8493032호, US8638069호,
        US8643342호, US8754614호,
        US8970182호 및 US9419450호

그림 2-99는 테슬라 슈퍼충전기 특허 US8493032호, US8638069호, US8643342호, US8754614호, US8970182호 및 US9419450호를 나타낸다.

테슬라(TESLA)社는 테슬라 전기자동차 모델 S 및 모델 X 운전자에게 슈퍼 충전소 이용을 무료로 제공하는 테슬라(TESLA)社의 정책을 추진하고 있다. 무엇보다 테슬라(TESLA) 전기자동차 완속(緩速) 충전시간은 약 7~8시간이며, 급속(急速) 충전시간은 현재 20분까지 단축시켰다. 테슬라(TESLA) 슈퍼 충전기는 배터리 셀을 약 80~90%까지 가장 빠른 시간에 충전시키기 위하여 전력전자(전력변환) 기술을 이용하여 정전류(CC: Constat Current) 모드 충전시간을 가장 최대로 하는 기술을 제안하였다.

그림 2-100은 테슬라(TESLA) 전기자동차의 전력변환 회로를 나타낸다.

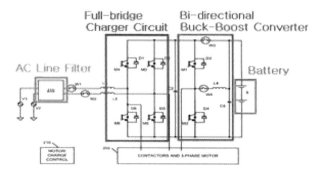

그림 2-100. 테슬라 전기자동차 충전기 전력변환 회로
특허 US8493032호 및 US8638069

테슬라(TESLA) 전기자동차는 풀-브리지(Full-Bridge) 방식의 배터리 충전 회로를 통하여 교류(AC) 전원에서 배터리 충전을 수행하며, 양방향(Bi-directional) 승·강압 컨버터를 이용하여 유도전동기(IM)에서 회생되는 에너지를 배터리로 전달하는 시스템을 완성하였고, 미국 등록특허 US8493032호 및 US8638069호로 등록하였다.

테슬라(TESLA) 슈퍼충전소는 현재 테슬라 전기자동차 모델 S 90 [kWh]급에서 리튬-이온 배터리가 모두 방전시, 80% 충전하는데 약 40분, 100% 충전하는데 약 75분이 소요되고 있다.

200kW급 슈퍼충전소
배터리 급속충전 테스터 장치

그림 2-101. 슈퍼충전기를 이용한
테슬라 전기자동차 배터리 충전(상측) 및
200kW급 슈퍼충전소 배터리 급속충전 테스터 장치(하측)

현재 미국의 테슬라 전기자동차 운전자들은 슈퍼충전소에
서 평균 30분정도의 시간이 소요되어 기존의 휘발유 차량의
주유시간 보다 많이 걸리게 됨을 불평하고 있다.

이에 대하여 2016년 12월 25일 엘론 머스크(Elon Reeve
Musk)는 트위터(twitter)를 통하여 현재 슈퍼충전기는 150
[kWh]가 최고 속도지만, 새로운 모델 버전3(V3: Verson 3)에
서는 기존보다 약 2배인 350 [kWh]급 이상의 슈퍼충전기를
이미 개발하고 있어서 앞으로 상당히 테슬라 전기자동차의 충
전시간을 단축시킬 것을 시사하고 있다.

그림 2-102. 슈퍼충전기 버전3(V3)의 개발을 시시한
엘론 머스크의 트위터(twitter)

삶이란
그저 문제를 해결하는 것에만 그쳐서는 안되고,
아침에 일어나면
『좋아!! 오늘 일어날 일이 기대돼!!』
라고 할 수 있어야 합니다.

- 테슬라모터스 CEO 엘런머스크(Elon Reeve Musk, 1971~)

03

하이퍼루프(HYPERLOOP)라는 이름으로 펼쳐지는 전기차 혁명

진공 튜브(Tube)에서 테스트 중인 하이퍼루프 1(One)

2016년 11월 미국 라스베이거스 북부 사막에서 첫 시험주행
(1.1초 동안 117마일[mile](약 187[km])를 가속했으며,
최고속도는 300마일[mile](약 480[km])를 달성함

3-1
어!! 왜??
미국만 고속철도 안 만들지??

2004년은 한국 철도에 새로운 역사가 펼쳐지는 시기이다.

그 전까지 120[km/h]의 무궁화호, 150[km/h]의 새마을호가 한국을 달렸다면, 2004년에는 300[km/h]를 능가하는 KTX 고속철도가 도입되었기 때문이다.

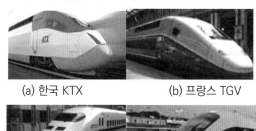

(a) 한국 KTX   (b) 프랑스 TGV

(c) 일본 신칸센   (d) 독일 ICE

그림 3-1. 전 세계 주요 고속철도[1)2)3)]

---

1) 프랑스이 알스톰(Alstom)社 및 SNCF社가 TGV 고속철도의 주요 제작 업체이다.

2) 일본의 산요(Sanyo)社 및 도카이도(Tokaido)社가 신칸센(新幹線) 고속철도의 주요 제작 업체이다.

3) 독일의 지멘스(Semens)社가 ICE 고속철도의 주요 제작 업체이다.

그 당시 대한민국 정부는 KTX 고속철도 기술을 프랑스의 TGV, 일본의 신칸센(新幹線) 및 독일의 ICE 중에서 어느 나라의 기술을 선택할지 고민하다가, 프랑스 TGV로 결정하고 고속철도 기술을 도입하였다.

한국이 프랑스 TGV로부터 고속철도 기술을 도입할 당시에 중국도 일본의 신칸센(新幹線) 기술을 도입한 CHR2, 독일 ICE 기술을 도입한 CHR3, 프랑스 TGV 기술을 도입한 CHR4를 운행하고 있었으며, 2002년 중국 자체기술로 시속 270[km]까지의 운행이 가능한 중화지성(China Star)을 개발한 상태이며, 중국 대륙에 고속철도 노선을 확장하고 있었다.

(a) 중화지성(중국 자체기술 개발)　(b) CHR2(일본 신칸센 기술도입)

(c) CHR3(독일 ICE 기술도입)　(d) CHR4(프랑스 TGV 기술도입)

그림 3-2. 중국에서 운행하는 주요 고속철도

또한, 2003년부터 중국은 독일이 대표적인 자기부상열차 회사인 Transrapid SMT社로부터 자기부상열차[4]를 도입하

4) 자기부상열차 : 전기(電氣)로 발생되는 자기력(磁氣力)을 바탕으로 레일(Rail)로 부터 낮은 높이로 부상하여 달리는 열차이다. 일반적인 고속철

200

여서 푸동(Pudong) 공항에서 상하이(Shanghai) 중심가까지 30.5[km]를 최고속도 시속 430[km]로 운행하여 세계 최초로 상업화하였다.

그림 3-3. 중국 푸동(Pudong) 공항에서 상하이 중심가까지 운행하는 자기부상열차 및 최고속도[5]

2004년 당시 필자(筆者)는 한국에 도입되는 KTX 고속철도를 보면서 다음과 같은 질문을 스스로 하였다.

"왜?? 미국은 땅도 넓은데 고속철도와 자기부상 열차를 상업화 하지 않지??"라는 것이었다.

도는 회전형의 전동기를 사용하여 바퀴를 회전하지만, 자기부상열차는 선형 전동기(Linear Motor)를 사용하는 것이 기술적 특징이며, 바퀴가 없기 때문에, 레일(Rail)과 바퀴의 마찰이 없기 때문에 고속철도 보다 더욱 빠르며, 부드러운 주행특성을 갖는다.

5) 이 사진은 2013년 11월, 상하이 국제전력박람회 및 지식재산 서비스 센터 출장 때, 푸동(Pudong) 공항에서 상하이(Shanghai) 중심가까지 직접 자기부상열차를 탔을 때 찍었던 사진이며, 그 당시 최고속도는 431[km]로 주행하였다.

이 질문은 상당히 오랜 기간 풀리지 않는 수수께끼와 같은 질문이었다.

중국, 유럽과 같이 땅이 넓은 나라도 고속철도를 이미 상업화하였고, 미국의 1개 주(州)보다 작은 한국에서도 KTX 고속철도를 도입하는데...

왜?? 미국은 하지 않는 것일까??

나라가 너무 커서??.... 고속철도가 필요 없나??

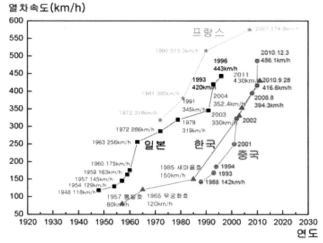

그림 3-4. 세계의 주요 국가의 열차속도 비교[6]

그도 아니면,

미국 사람들은 고속철도보다 비행기를 더 좋아하는가??

그 전까지 고속철도의 분야의 최고속도 기록은 2007년 4월 프랑스 TGV는 최고속도 574.8[km]를 기록했으며, 2014년 1월 중국 고속철도는 최고속도 시속 605[km]를 기록하기도 했으며, 2015년 4월 일본의 신칸센(新幹線)은 최고속도

6) 김대상 "해외 고속철도 기술동향 및 우리나라 발전방향 연구", 국토교통부 보고서, 2010년 12월

603[km]를 기록하였다. 하지만 이는 순간적인 최고속도이며, 실제 한국, 중국, 일본, 유럽 등에서는 고속철도의 운행 시 철도 레일(Rail)의 안정성을 고려하여 시속 300 내지 350[km]로 고속철도를 상업화하여 운행하고 있다.

그럼 필자(筆者)가 이 책을 읽는 독자(讀者) 여러분에게 질문 하나 해보겠다.

설마... 미국은 고속철도 기술이 없어서 못 만든 것 같지는 않아 보이는데....

> 그럼 왜..??
> 미국은 고속철도를 안 만들었을까??...

이 질문을 여러분의 가슴에 품고...
이 책의 다음 페이지(Page)를 넘겨보길 권한다. ^^;;

3-2
하이퍼루프(HYPERLOOP)를
만드는 이유와 주요 기술

2015년 7월

엘론머스크(Elon Reeve Musk) 회장은 한 언론과의 만남에서 하이퍼루프를 건설하는 이유에 다음과 같이 인터뷰(Interview)하였다.

그림 3-5. 하이퍼루프 건설에 대하여 인터뷰하는 엘론머스크[1]

언론 : "기차와 비슷한 하이퍼루프(HYPERLOOP)는

---

1) 출처: 유튜브 동영상, 엘론 머스크가 하이퍼루프를 건설하는 이유,
   https://www.youtube.com/watch?v=wkRJqX01J3U

한 시간에 약 800마일[mile](1280[km])를
갈 수 있는 수단이지요??...로스엔젤레스(LA)에서
샌프란시스코(SF)까지요??"

"근데 우리가 너무 작은 야망을 꿈꾸는 것일까요...
우리가 이렇게 고속철도보다 더욱 큰 꿈을 꾸어야
할까요??"

머스크 : "저는 그렇게 빨리 달리고 싶다는 이유보다도...
사람들에게 영감을 주고 미래를 기대하는
프로젝트를 하고 싶은 것입니다"

"삶이란 그저 문제를 해결하는 것에만 그쳐서는
안됩니다... 아침에 일어나서 『좋아!! 오늘 일어날
일이 기대돼!!』라고 할 수 있어야 합니다."

엘론 머스크 회장이 하이퍼루프를 만드는 이유
 1) 사람들에게 영감을 주고 미래를 기대하도록 하기 위하여
 2) 삶이란 그저 문제를 해결하는 것에만 그쳐서는 안되고,
    아침에 일어나면 『좋아!! 오늘 일어날 일이 기대돼!!』
    라고 할 수 있어야 합니다.

그림 3-6. 하이퍼루프 터널 건설

하이퍼루프(HYPERLOOP)가 과연 어떤 기술을 적용했기에 기존의 고속철도의 운행속도 시속 300 내지 350[km]의 약 4배에 가까운 시속 1,200[km] 이상의 속도로 운행이 가능한 것일까??

전 세계에서 고속철도, 철도 및 지하철 등의 대부분 선로(線路)의 폭은 1.435[m]로 동일하다[2].

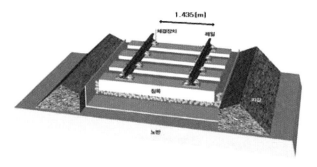

그림 3-7. 일반적인 선로(線路)의 구조

---

2) 전 세계에서 미국, 일본, 유럽, 한국, 중국 등 대부분의 선로의 폭은 1.435[m]로 동일하다. 하지만, 러시아는 1.534[m]로 넓은 선로의 폭을 사용하며, 일본의 재래선에서는 1.067[m] 좁은 선로의 폭을 사용하기도 하였으며, 방글라데시, 인도, 스리랑카, 파키스탄 등 구 영국령 국가에서는 1.676[m]의 가장 넓은 선로의 폭을 사용하기도 하였다.
현재 전 세계의 표준선로(標準線路)의 폭은 1.435[m](4피트 8.5인치)이며, 고속철도, 철도 및 지하철 등은 모두 이 표준 선로를 사용하고 있다.

전 세계 표준선로(標準線路)의 폭인 1.435[m] 로마시대 전차 및 마차 바퀴의 폭에서 유래되었으며, 약 2000년 이상의 역사를 가지고 있다[3].

하지만, 하이퍼루프(HYPERLOOP) 기술의 가장 큰 특징이라면, 2000년 이상의 표준(標準)을 파괴하는 것에서 시작되었다.

그림 3-8. 하이퍼루프 튜브의 가공작업

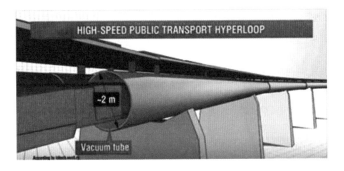

3) 로마시대에서 전차의 바퀴자국으로 인하여 마차가 고장이 나는 경우가 발생하여서, 전차와 마차의 바퀴 폭을 동일하게 제작하게 되었으며, 그 길이는 말 2마리의 엉덩이 폭과 같으며, 1.435[m](4피트 8.5인치)가 현재까지 표준으로 되었다.

그림 3-9. 하이퍼루프社에서 공개한 크기[4)]

　하이퍼루프(HYPERLOOP)는 직경 2[m]의 진공튜브(Vacuum Tube) 내에서 선형 유도전동기로 구동하는 하이퍼루프(HYPERLOOP) 캡슐(Capsule)의 폭은 1.35[m]이며, 높이 1.1[m]를 가지며, 길이는 최소 1.52[m]에서 최대 7.32[m]의 크기이다.

하이퍼루프와 기존의 고속철도와 차이점
1) 직경 2[m]의 진공튜브 내에서 이동하여 공기저항을 최소화함
2) 기존의 고속철도 보다 작은 폭은 1.35[m], 높이 1.1[m]
　　의 크기로 설계하여 2000년 이상의 표준(標準)을 파괴함
3) 회전형 전동기가 아니라 선형 유도전동기를 사용하여
　　우수한 가속특성을 가짐
4) 세계 최초로 지상(地上)에서 시속 1,280[km]
　　(800마일[mile])의 음속(音速)의 속도로 이동가능

　그림 3-10 내지 그림 3-12는 하이퍼루프(HYPERLOOP) 캡슐(Capsule)은 가운데 24명 내지 30명[5)]의 승객이 탑승할

---

4) 출처: 유튜브 동영상, Hyperloop Project Presentation,
　　https://www.youtube.com/watch?v=haJD6gPZwGo
5) 하이퍼루프社의 유튜브(Youtube) 동영상에서는 승객의 탑승 좌석

수 있으며, 앞쪽의 잔여 공기를 뒤로 배치하는 인렛(Inlet)과 공기 압축기(Compressor)가 배치되어 있다.

하이퍼루프(HYPERLOOP) 캡슐(Capsule)의 앞쪽, 가운데 및 뒤쪽에 에어 쿠션(Air Bearing)이 있으며, 캡슐(Capsule)의 뒤쪽에는 배터리(Battery)가 위치하고 있다.

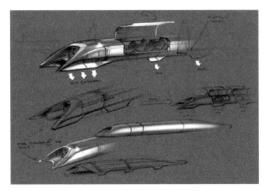

그림 3-10. 하이퍼루프 개념도

그림 3-11. 하이퍼루프 개념도

이 24석으로 공개하고 있지만, 하이퍼루프社의 미국 공개특허 제2017-0334312호에서는 승객의 탑승좌석이 30석으로 공개하고 있다.

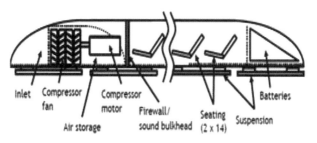

Inlet Compressor Compressor   Firewall/   Seating Suspension Batteries
        fan   motor   sound bulkhead (2 x 14)
            Air storage

그림 3-12. 하이퍼루프 캡슐의 구조

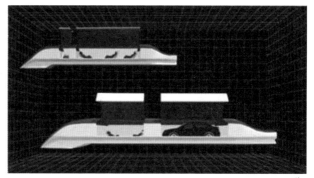

그림 3-13. 승객 이송 및 화물 이송을 위한 하이퍼루프 캡슐[6]

　하이퍼루프(HYPERLOOP)社는 승객이송을 위한 캡슐(Capsule)과 이 보다 길이가 긴 승객 및 화물이송을 캡슐(Capsule)로 구분하여 설계를 진행하고 있다(그림 3-13 참조).

　하이퍼루프의 튜브(Tube)는 서로 진행방향이 다른 2[m]의 튜브가 위치하며, 튜브(Tube)의 상측에는 태양광 패널(Penal)이 배치되어 있으며, 순수하게 신재생 에너지를 이용하여 하이퍼루프(HYPERLOOP)의 에너지로 사용하고 있다(그림 3-14 참조).

---

6) 출처: 유튜브(Youtube) Hyperloop Project Presentation,
　　https://www.youtube.com/watch?v=haJD6gPZwGo

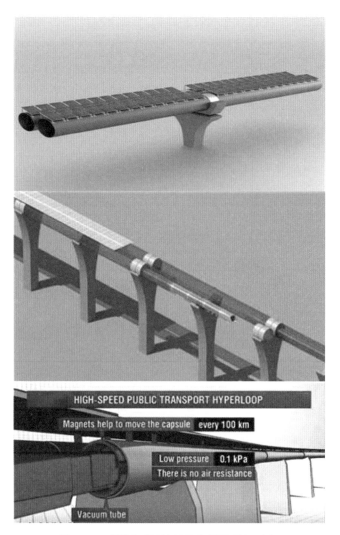

그림 3-14. 태양광 패널이 설치된 하이퍼루프 튜브

표 3. 하이퍼루프(HYPERLOOP)의 주요 스펙(Spec)

구 분	주요 스펙(Spec)
튜브 직경	2 [m]
캡슐 폭	1.35[m]
캡슐 높이	1.1[m]
캡슐 길이	1.52[m] ~ 7.32[m]
캡슐 무게	3,300Lbs / 1,500Kg 이하
최고속도	1280[km]
구동모터	선형(Linear) 유도전동기
주 에너지원	태양전지 패널(Penal)

그림 3-15. 테스트 중인 하이퍼루프 원(HYPERLOOP One)

표 2는 하이퍼루프(HYPERLOOP)의 주요 스펙(Spec)을 나타내며, 그림 3-15는 테스트중인 하이퍼루프 원(HYPERLOOP One)을 나타낸다.

3-3
하이퍼루프(HYPERLOOP)
건설 및 검토 노선

　　세계 최고 속도의 하이퍼루프(HYPERLOOP)는 현재 전 세계 적으로 그 노선이 계획되고 있다.

그림 3-16. 하이퍼루프 미국 전체 검토 노선

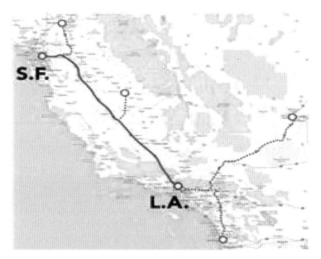

그림 3-17. 하이퍼루프 미국(로스앤젤레스-샌프란시스코) 노선

그림 3-18. 하이퍼루프 미국(뉴욕-로스앤젤레스) 노선

하이퍼루프는 현재 미국에서 로스앤젤레스(Los Angeles) -
샌프란시스코(San Francisco) 노선은 560[km] 거리를 30분
에 도착할 수 있는 노선을 건설 중이며, 총 11개의 노선을 검
토 중에 있으며, 이 중에서 미국 대륙을 횡단하는 뉴욕(New
York)-로스앤젤레스(Los Angeles)는 45분에 도착할 수 있는

노선을 포함하여 2~3개 노선에 대하여 실제 건설을 고려하고 있다.

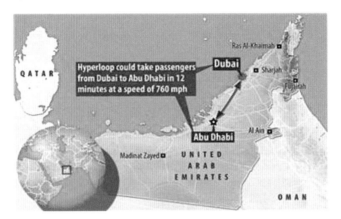

그림 3-19. 하이퍼루프 아랍에미리트(두바이-아브다비) 노선

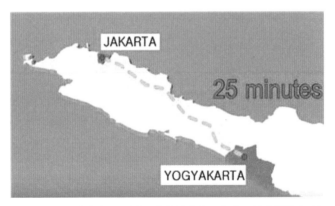

그림 3-20. 하이퍼루프 인도네시아(자카르타-요그야카르타) 노선

미국 이외에 하이퍼루프(HYPERLOOP)를 강력하게 도입하려는 나라는 아랍에미리트(UAE)와 인도네시아(Indonesia)가 있다.

아랍에미리트(UAE)는 두바이(Dubia)-아브다비(Abu Dhabi) 노선은 150[km] 거리를 12분에 도착할 수 있는 노선을 계획 중이며, 인도네시아(Indonesia)는 자카르타(Jakarta)-요그야카르타(Yogyakarta) 노선은 520[km] 거리를 25분에 도착할 수 있는 노선을 계획 중이다.

지상에서 가장 빠른 이동수단인 하이퍼루프(HYPERLOOP)는 이제 미국, 아랍에미리트(UAE) 및 인도네시아만이 아니라 캐나다, 멕시코, 영국, 독일, 네덜란드 스페인-모르코, 폴란드, 에스토니아-핀란드, 인도 등의 국가에서도 계획하고 있다(그림 3-21 내지 그림 3-29 참고).

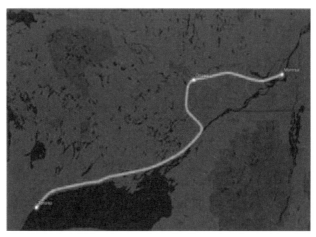

그림 3-21. 하이퍼루프 캐나다(토론토-몬트리올) 노선

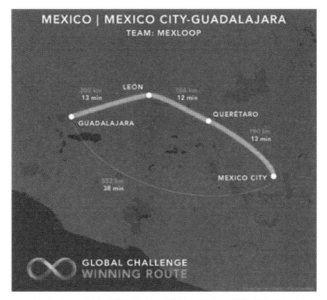

그림 3-22. 하이퍼루프 멕시코(멕시코시티- 과달라하라) 노선

그림 3-23. 하이퍼루프 영국(런던-에든버러) 노선

그림 3-24. 하이퍼루프 독일(순환노선) 노선

그림 3-25. 하이퍼루프 네덜란드(순환노선) 노선

그림 3-26. 하이퍼루프 스페인-모르코(마드리드-탕헤르) 노선

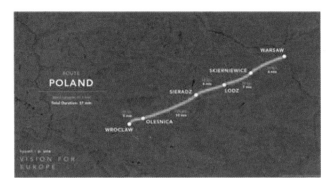

그림 3-27. 하이퍼루프 폴란드(바르샤바-브로츠와프) 노선

그림 3-28. 하이퍼루프 에스토니아-핀란드(탈린-헬싱키) 노선

그림 3-29. 하이퍼루프 인도(뭄바이-첸나이) 노선

그리고 이제 하이퍼루프(HYPERLOOP)는 한국의 서울-부산에서 16분에 도착할 수 있는 연구개발에 착수하였다.

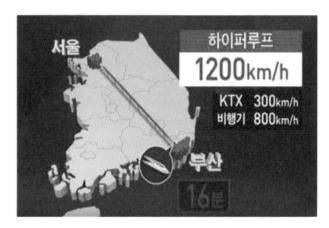

그림 3-30. 하이퍼루프 한국(서울-부산) 노선

표 4. 하이퍼루프(HYPERLOOP)의 건설 및 검토 노선[1]

국가	노선	상태
미국	로스앤젤레스–샌프란시스코	건설 중
	뉴욕–로스앤젤레스	검토
	시애틀–포틀랜드	검토
	라스베거스–리노	검토
	샌안토니오–휴스톤	검토
	샤이엔–휴스톤	검토
	덴버–배일	검토
	덴버–콜로라도	검토
	캔자스–세인트루이스	검토
	시카고–피치버그	검토
	보스톤–프로비던스	검토
	올랜도–마이애미	검토
UAE	두바이–아브다비	건설 확정
인도네시아	자카르타–요그야카르타	건설 확정
캐나다	토론토–몬트리올	검토
멕시코	멕시코시티– 과달라하라	검토
영국	런던–에든버러	검토
독일	순환노선	검토
네덜란드	순환노선	검토
스페인–모르코	마드리드–탕헤르	검토
폴란드	바르샤바–브로츠와프	검토
에스토니아–핀란드	탈린–헬싱키	검토
인도	뭄바이–첸나이	검토
한국	서울–부산	검토

---

1) 각종 언론 등에 공개된 내용을 필자(筆者)가 정리한 것이다.

3-4
하이퍼루프(HYPERLOOP)가 펼치는
미래 및 특허 기술동향

하이퍼루프(HYPERLOOP)는 이제 현실이 되어서 우리 눈앞에 점점 다가오고 있지만, 이마 그 가능성에 대해서는 미국에서 인기 있는 『퓨처라마(Futurama)』라는 만화를 통하여 널리 알려졌다.

그림 3-31. 퓨처라마(Futurama) [1]

1) 퓨처라마(Futurama) : 미국 뉴욕에 살고 있는 피자 배달부 필립 프라이라가 2000년 1월 1일에 사고로 냉동되어서 1000년 뒤에 깨어난 후 사건을 다룬 1999년 3월 28일부터 2003년 8월 23일까지 미국에서 방영된 만화영화

퓨처라마(Futurama)는 1999년 3월 28일부터 2003년 8월 23일까지 미국에서 방영된 만화영화로서 미국 뉴욕(New York)에 살고 있는 피자 배달부인 필립 프라이(Philip J. Fly)라는 사람이 2000년 1월 1일에 사고로 냉동되어서 1000년 뒤에 깨어난 후에 사건을 다루는 만화로서 인간이 튜브(Tube)를 타고 이동하는 모습이 그림 3-31과 같이 공개되어 있다.

진공튜브 속에서 이동하는 하이퍼루프(HYPERLOOP)와 관련된 세계 최초의 특허는 이미 1945년도에 US2511979호로 제안되었다.

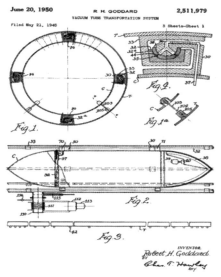

그림 3-32. 세계 최초의 진공에서 이동하는 수송시스템 특허

- 발명의 명칭 : 진공 튜브에서 이동하는 수송시스템
　　　　　　　(Vacuum Tube Transportation System)
- 발명자 : Robert H. Goddard
- 출원일 : 1945년 5월 21일
- 등록일 : 1950년 6월 20일

세계 최초의 진공 튜브에서 이동하는 수송시스템 특허인 US2511979호는 진공 튜브(Vacuum Tube)에서 레일(Rail, 32)을 통하여 이동하는 고속열차(Car)를 기술적 특징으로 하며, 진공(Vacuum) 상태이기 때문에 고속(High Speed)으로 이동이 가능한 효과를 기술적 특징으로 하고 있어, 지금의 하이퍼루프(HYPERLOOP)의 가장 기본이 되는 기술적 개념을 제안하였다.

1945년도에 US2511979호로 제안된 진공 튜브에서 이동하는 수송시스템 발명은 좋은 아이디어(Idea)이지만, 그것을 우리의 눈앞에서 완성시키는데 약 60년 이상의 시간이 소요되었고, 엘론 머스크(Elon Reeve Musk) 회장이 이끄는 하이퍼루프(HYPERLOOP)社를 통하여 2013년부터 본격적으로 현실화되고 있다.

하이퍼루프(HYPERLOOP) 기술이 현실화되기 위해서는 ① 리니어(Linear) 유도전동기와 ②전동기 제어 장치인 인버터의 두 가지 기술이 비약적으로 발전했기 때문으로 생각된다.

그럼... 하이퍼루프(HYPERLOOP)가 펼치는 미래의 모습을 어떠할 것인가??

그림 3-33은 하이퍼루프(HYPERLOOP) 정거장을 나타내며, 그림 3-34는 하이퍼루프 정거장에서 탑승을 기다리는 사람들의 모습을 나타낸다.

그림 3-33. 하이퍼루프 정거장

그림 3-34. 하이퍼루프 정거장에서 탑승을 기다리는 사람들

그림 3-35. 하이퍼루프에 탑승한 사람들

 그림 3-35는 하이퍼루프(HYPERLOOP)에 탑승한 사람들의 모습이며, 그림 3-36은 하이퍼루프의 모습을 나타낸다.
 사람을 수송하는 하이퍼루프(HYPERLOOP)의 좌석의 배치는 총 30석이며, 2열의 좌석이 12개로 총 24석이 있으며, 앞문과 뒷문 사이에 8개의 좌석이 배치[2]되어 있으며, 그림 3-37은 하이퍼루프 튜브의 모습을 나타낸다[3][4].

 하이퍼루프가 만드는 미래의 모습은 최고속도 1280[km]의 속도로 이동이 가능하며, 수백 [km] 떨어진 도시를 1시간 이내에 고속 이동이 가능하게 하는 시대를 펼쳐지게 될 것이다.

---

 2) 하이퍼루프社의 유튜브(Youtube) 동영상에서는 승객의 탑승 좌석이 24석으로 공개하고 있지만, 하이퍼루프社의 미국 공개특허 제2017-0334312호에서는 승객의 탑승좌석이 30석으로 공개하고 있다.
 3) 출처: 유튜브(Youtube) Hyperloop One to build first Hyperloop System in UAE - TomoNews, https://www.youtube.com/watch?v=3jdgCTnyNTw
 4) 그림 3-33 내지 그림 3-37은 하이퍼루프(HYPERLOOP)社에서 유튜브(YouTube) 동영상에서 주요 부분을 캡쳐(Capture)한 것이다.

그림 3-36. 하이퍼루프 캡슐

그림 3-37. 하이퍼루프 튜브

그림 3-38. 하이퍼루프 튜브 제작 및 건설

그림 3-37은 하이퍼루프(HYPERLOOP)社에서 제공한 튜브 (Tube)를 나타내며, 그림 3-38은 실제 하이퍼루프 튜브 제작 및 건설 모습을 나타낸다.

대표적인 고속철도인 한국의 KTX, 프랑스의 TGV, 일본의 신 칸센(新幹線) 및 독일의 ICE와 하이퍼루프(HYPERLOOP)와 가 장 큰 차이점은 모터(Motor)의 형태이다.

KTX, TGV, 신칸센(新幹線) 및 ICE는 회전형 모터를 사용하 며, 하이퍼루프는 리니어(Linear) 모터를 사용하는 차이가 있다.

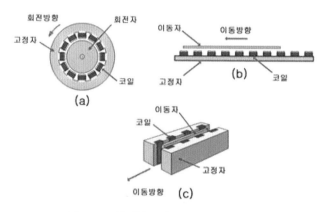

그림 3-39. 회전형 모터와 리니어 모터의 형상
[(a)회전형 모터 (b)회전형 모터를 선형적으로 펼침 (c)리니어 모터]

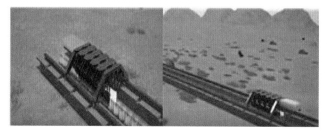

그림 3-40. 하이퍼루프 테스트

그림 3-41. 실제 하이퍼루프 제작 및 테스트
(미국 라스베이거스 북부 사막)

2016년 5월 11일

하이퍼루프社는 미국 라스베이거스(Las Vegas) 북부 사막에서는 0.5 마일[mile](약 800[m])의 테스트 선로에서 추진력

시험이 언론에 공개되었으며, 리니어 모터와 연결된 3[m] 길이의 썰매가 약 2초 동안 시속 116 마일[mile](약 186[km/h])의 속도로 주행한 이후에 모래 더미와 부딪치며 멈추는 테스트를 하였다. 그 이유는 아직 브레이크(Break)가 장착되지 않았기 때문이다.

그림 3-42. 실제 하이퍼루프 원(One) 테스트
(미국 네바다 사막)

2017년 8월 2일

하이퍼루프社는 미국 네바다(Nevada) 주(州)에서는 길이 8.5[m]의 하이퍼루프 원(One) 캡슐(Capsule)을 진공터널에 넣어 테스트가 진행되었으며, 536[m] 길이의 진공터널에서 최고속도 386[km]의 속도까지 가속하며 정지하는 실험을 하고 있으며, 수많은 기술적인 난제(難題)를 해결하기 위해서 지속적으로 연구하고 있다.

세계 최고 속도의 고속철도인 하이퍼루프(HYPERLOOP)社는 미국, 유럽, 일본, 중국, 한국 등을 중심으로 전 세계에 특허(特許)를 출원하고 있으며, 2018년 3월까지 미국에 총 35건을 출원하였으며, 이 중에서 10건의 특허를 등록한 것으로 조사되었다. 또한, 표 4는 하이퍼루프(HYPERLOOP)의 특허기술 현황을 나타낸다[5].

2018년 3월까지 공개 및 등록된 35건의 미국 특허는 크게 5가지 세부적인 기술 현황을 아래와 같이 보이고 있다.

- 세부기술1[하이퍼루프 기본개념 특허] : 8건
- 세부기술2[하이퍼루프 튜브 관련기술 특허] : 9건
- 세부기술3[리니어 모터 및 제어 시스템 특허] : 7건
- 세부기술4[하이퍼루프 감속기 및 브레이크 특허] : 3건
- 세부기술5[하이퍼루프 게이트 밸브(에어 차단기) 특허] : 2건
- 기타 : 6건

---

5) 하이퍼루프(HYPERLOOP)社의 특허(特許)는 필자(筆者)가 특허검색 시스템을 사용하여서 직접 조사 및 분석한 것이다.

표 11. 하이퍼루프(HYPERLOOP)의 특허기술 현황[6]

구분	세부적인 기술	미국특허 (건수)	전체 특허에서 차지하는 비율
세부 기술 1	하이퍼루프 기본개념 특허	8건	22.86%
	US9511959호, US9517901호, US9566987호, US9604798호, US9718630호, US2016-0229646호, US2016-0230350호, US2017-0334312호		
세부 기술 2	하이퍼루프 튜브 관련기술 특허	9건	25.71%
	US2016-0230915호, US2017-0106879호, US2017-0165786호, S2017-0233977호, US2017-0254456호, US2017-0276284호, US2018-0009180호, US2018-0021864호, US2018-0051735호		
세부 기술 3	리니어 모터 및 제어 시스템 특허	7건	20.00%
	US9641117호, US9764648호, US2016-0233754호, US2017-0126163호, US2017-0207735호, US2018-0022219호, US2018-0047490호		
세부 기술 4	하이퍼루프 감속기 및 브레이크 특허	3건	8.57%
	US9533697호, US9809232호, US2017-0229427호		
세부 기술 5	하이퍼루프 게이트 밸브[에어 차단기] 특허	2건	5.72%
	US9599235호, US2017-0146136호		

6) 하이퍼루프(HYPERLOOP)社의 미국 출원 및 등록특허와 관련하여 기술에 대한 분류는 본 필자(筆者)가 직접 수행하였다.

(1) (세부기술1)하이퍼루프 기본개념 특허

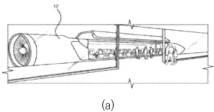

(a)

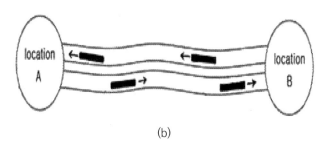

(b)

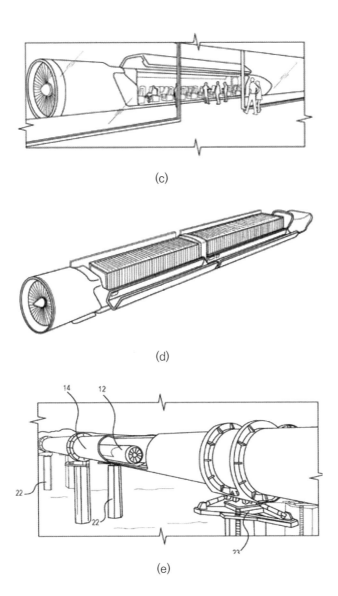

(c)

(d)

14 12

22

22

22

(e)

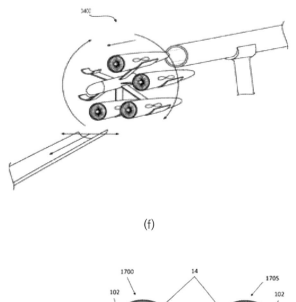

(f)

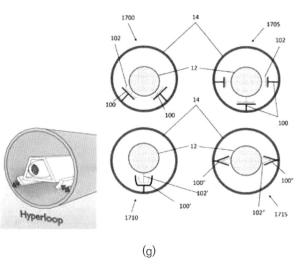

(g)

그림 3-43. 하이퍼루프 기본개념
특허 US9511959호,
US9517901호, US9566987호,
US9604798호, US9718630호

그림 3-43은 하이퍼루프 기본개념 특허 US9511959호, US9517901호, US9566987호, US9604798호 및 US9718630호를 나타낸다. 현재 하이퍼루프 기본개념 특허는 한국에 공개특허공보 KR10-2017-0125340호로 특허출원이 되어있다.

그림 3-43 (a)는 하이퍼루프 기본개념 특허 US9517901호이며, 그림 3-43 (b)는 위치(location) A에서 위치(location) B로 튜브(Tube)를 통하여 복수의 하이퍼루프 캡슐(Capsule)이 시간 및 위치적인 간격을 두고 이동하는 것이 나타나 있다.

그림 3-43 (c),(d)는 하이퍼루프 캡슐(Capsule, 12)이 사람 및 화물을 수송하는 경우에 대하여 공개하였으며, 그림 3-43 (e)에서는 하이퍼루프 튜브(Tube, 14)를 지탱하는 지지체(Pillar, 22)는 100[Feet](약 30[m])마다 설치되어 있으며, 진공(眞空)의 튜브(Tube, 14) 속에서 최고시속 1280[km]의 속도로 이동하는 하이퍼루프 캡슐(Capsule, 12)의 진동에 의한 안정성 확보를 위하여 지지체(Pillar, 22)와 튜브(Tube, 14)사이에 감쇄 시스템(13)을 배치시키는 것을 기술적 특징으로 한다.

그림 3-43 (f)는 하이퍼루프 캡슐(Capsule)이 회전 캡슐 로딩/언로딩 시스템(3400)[1]을 통하여 하이퍼루프 튜브(Tube)에 장착되는 모습을 기술적 특징으로 한다. 하이퍼루프 캡슐(Capsule)은 하이퍼루프 튜브(Tube)에 장착되기까지 컨베이어 밸트(Conveyor Belt)시스템으로 이송되며, 회전 캡슐 로딩/언로딩 시스템(3400)을 통하여 튜브(Tube)에 장착되고, 인간의 조정에 의해서 운전되지 않으며, 컴퓨터에 의해서 완전 자율주행으로 그 간격을 조절하며 이동하는 것을 특징으로 한다.

그림 3-43 (f)를 통하여 하이퍼루프社는 다양한 형태의 하이퍼루프 트랙(Track, 100)과 공기 베어링(Air Bearing, 102)을 제안하였다. 현재 하이퍼루프의 트랙(Track, 100)은 그림 3-43 (f)의 1700과 같은 하이퍼루프 캡슐(Capsule, 12)에 부

---

1) Rotating Capsule Loading/Unloading System

양시키는 2개의 "一"자형의 하이퍼루프 트랙(Track, 100)과 공기 베어링(Air Bearing, 102)을 사용하고 있다. 하지만, 하이퍼루프社의 기본개념 특허 US9511959호, US9517901호, US9566987호, US9604798호 및 US9718630호에서는 3개의 "一"자형의 하이퍼루프 트랙(Track, 100)과 공기 베어링(Air Bearing, 102), 2개의 "〈" 및 "〉"의 V형상의 하이퍼루프 트랙(Track, 100)과 공기 베어링(Air Bearing, 102) 및 1개의 "U"의 U형상의 하이퍼루프 트랙(Track, 100)과 공기 베어링(Air Bearing, 102) 방식을 특허의 권리로 획득하였다.

그림 3-44는 하이퍼루프 정거장(Station) 특허 US2017-0334312호를 나타낸다.

그림 3-44 (a)는 하이퍼루프 정거장(Station) 특허에서 공개한 하이퍼루프 캡슐(Capsule)의 좌석배치를 나타낸다. 하이퍼루프 캡슐(Capsule)의 일측(一側)에는 앞·뒷문(250)이 있으며, 좌석의 배치는 총 30석이며, 2열의 좌석이 12개로 총 24석이 있으며, 앞문과 뒷문 사이에 8개의 좌석이 배치되어 있다.

그림 3-44 (b),(c),(d)는 하이퍼루프 정거장(Station)의 구조를 나타낸다. 승객들이 탑승하는 원형의 하이퍼루프 플랫폼(Platform, 542)에는 22개의 탑승 게이트(Gate, 530)가 있으며, 이동하는 트랙(Track, 520)에 상측(上側)에 위치하는 하이퍼루프 캡슐(Capsule)은 컴퓨터에 의해서 자동적으로 제어된다.

하이퍼루프 캡슐(Capsule)의 게이트(250)는 탑승 게이트(Gate, 530)에 고정(735)되며, 하이퍼루프 캡슐(Capsule)에 탑승하려는 승객은 플랫폼(Platform, 542)의 중앙 홀(Passenger Concourse)을 통하여 탑승할 수 있는 것을 기술적 특징으로 한다.

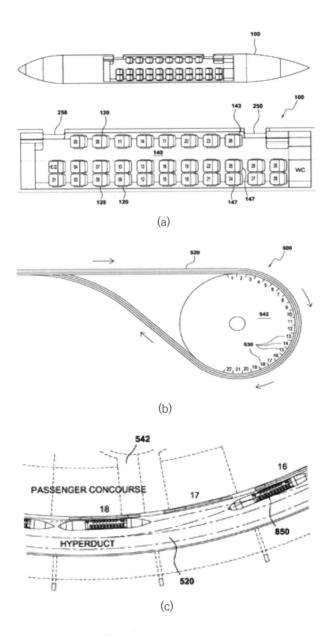

(a)

(b)

(c)

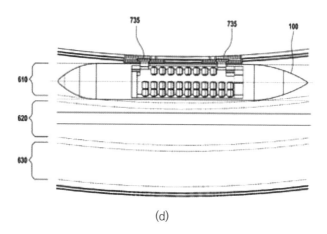

(d)

그림 3-44. 하이퍼루프 정거장(Station)
특허 US2017-0334312호

2) (세부기술2)하이퍼루프 튜브 관련기술 특허

하이퍼루프의 또 다른 핵심기술은 바로 튜브(Tube)의 안정
화 기술이며, 미국 공개특허 US2016-0230915호, US2017-
0254456호를 통하여 제안하였다. 그림 3-45 (a),(b),(c)는 확
장 조인트(Expansion Joint, 500)를 제안하였다. 하이퍼루프
튜브(Tube, 14)가 하이퍼루프 캡슐(Capsule, 12)의 이동으
로 생기는 물리적인 진동으로 인한 팽창 및 수축과 온도에 따
른 팽창 및 수축을 방지하기 위하여 튜브(Tube, 14)의 중간에
확장 조인트(Expansion Joint, 500)이 배치됨을 통하여 튜브
(Tube, 14)의 길이 방향의 팽창 및 수축에 대한 안정성을 확
보하였다.
그림 3-45 (d)는 하이퍼루프 튜브(Tube, 14)를 지탱하
는 지지체(Pillar, 22)의 세부적인 구성을 제안하였다. 튜브
(Tube, 14)의 상하(上下) 방향으로 안정성을 위하여 수직형

댐퍼(Vertical Damper, 1070)와 좌우(左右) 방향으로 안정성
을 위하여 복수의 댐퍼(Damper, 1020)이 배치됨을 기술적 특
징으로 한다.

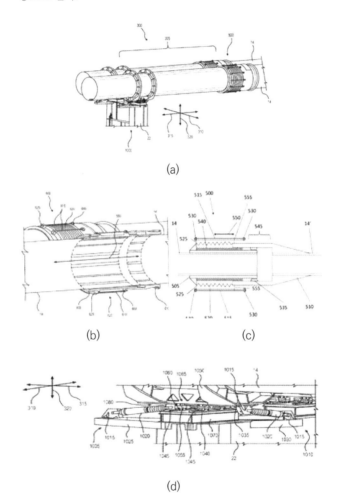

(a)

(b) (c)

(d)

그림 3-45. 하이퍼루프 튜브 안정화
특허 US2016-0230915호, US2017-0254456호

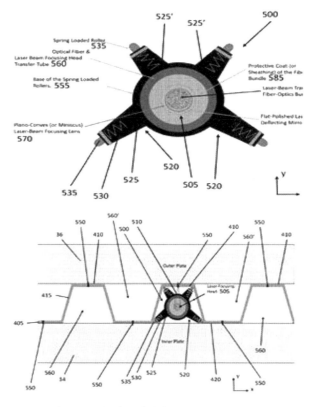

그림 3-46. 지하(地下)에서 하이퍼루프 튜브 안정화 기술
특허 US2017-0165786호

그림 3-46은 미국 공개특허 US2017-0165786호를 통하
여 공개된 지하(地下)에서 하이퍼루프 튜브(Tube)의 안정성을
확보하는 방안을 나타낸다. 하이퍼루프社에서는 스프링(530)
이 각각 배치된 4개의 다리(525)가 있는 롤링 시스템(Rolling
System, 520)을 배치시킴을 통하여 지하(地下) 상하좌우(上下
左右) 방향의 흔들림에 대하여 확고한 안정성을 확보하는 기술
은 제안하였다.

하이퍼루프 튜브(Tube)의 안정성 확보 기술

1) 하이퍼루프 튜브(Tube)의 길이 방향 팽창 및 수축 기술
   ▷ 확장 조인트[그림 3-45 (a)의 도면부호 500]
2) 하이퍼루프 튜브(Tube)의 상하(上下) 방향
   안정성 확보 기술
   ▷ 수직형 댐퍼[그림 3-45 (d)의 도면부호 1070]
3) 하이퍼루프 튜브(Tube)의 좌우(左右) 방향
   안정성 확보 기술
   ▷ 복수의 댐퍼[그림 3-45 (d)의 도면부호 1020]
4) 지하(地下)에서 하이퍼루프 튜브(Tube)의
   상하좌우(上下左右) 방향 안정성 확보 기술
   ▷ 스프링(Spring, 530)이 각각 배치된 4개의 다리
   롤링 시스템(Rolling System) [그림 3-46]

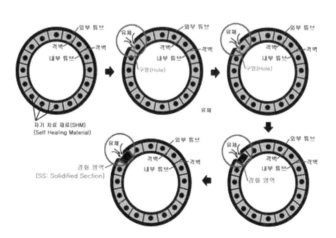

그림 3-47. 하이퍼루프 튜브 자기 치료(Self Healing)
특허 US2018-0009180호

그림 3-47은 하이퍼루프 튜브 자기 치료(Self Healing) 특허 US2018-0009180호를 나타낸다.

하이퍼루프(HYPERLOOP)社는 예상치 못한 튜브(Tube)의 손상을 자기 치료(Self Healing)하는 기술을 미국 공개특허 US2018-0009180호 제안하였다. 제안된 하이퍼루프 튜브(Tube)의 자기 치료(Self Healing) 기술은 내부 튜브와 외부 튜브 사이에 복수의 격벽(隔璧)을 배치하며, 격벽의 공간에는 자기 치료 재료(SHM: Self Healing Material)가 내장되어 있다.

만약 외부 튜브에 구멍(Hole)이 발생하며, 공기 등의 유체가 들어오는 경우 자기 치료 재료(SHM)는 경화되며, 경화 영역(SS: Solidified Section)을 형성하여서 하이퍼루프 튜브(Tube)의 구멍(Hole)을 봉쇄하는 기능을 수행하며, 하이퍼루프 내부 튜브 안에는 지속적으로 진공(眞空)을 형성하도록 하는 기술을 제안하였다.

(3) (세부기술3) 리니어 모터 및 제어 시스템 특허

그림 3-48는 하이퍼루프 리니어(Linear) 모터 특허 US2016-0233754호를 나타낸다. 하이퍼루프는 리니어(Linear) 유도 전동기에 의해서 이동하는 방식을 채택하고 있으며, 미국 공개특허 US2016-0233754호를 통하여 구체적인 구조에 대하여 제안하였다.

하이퍼루프 캡슐(Capsule)의 핵심 이동 수단인 모터는 선형(線形)으로 이동하는 방식이며, 하이퍼루프 튜브(Tube)의 크기를 고려하여 코일(Coil)의 폭이 매우 좁으며, 길이가 길게 설계하였다. 코일(Coil)의 상측(上側)은 몰딩(Molding)되어 있으며, 바인더(Binder)로 코일(Coil)을 고정시키는 구조를 제안하였다.

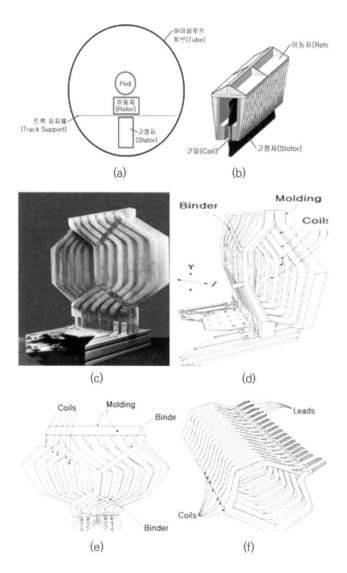

(a)

(b)

(c)

(d)

(e)

(f)

그림 3-48. 하이퍼루프 리니어 모터
특허 US2016-0233754호

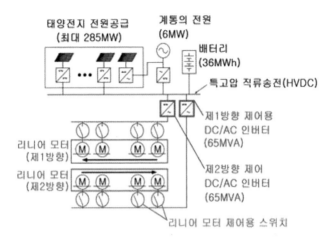

그림 3-49. 하이퍼루프 리니어 모터의
전체 전력 및 구동시스템[2]

그림 3-49는 하이퍼루프 리니어 모터의 전체 전력 및 구동
시스템을 나타낸다. 하이퍼루프는 대부분의 전력을 태양전지
(Solar Cell)에서 공급받고 있다. 최대 285[MW]를 공급받고
있으며, 기상상태를 고려하여 전력계통에서도 6[MW]를 공급
받고 있다.

또한 배터리를 통하여 36[MWh]의 전력을 저장하는 것을
기술적 특징으로 한다.

하이퍼루프 캡슐(Capsule)을 이동시키는 리니어 모터는 저
속(시속 300[mile] ≒ 시속 480[km])에서는 20[MW]의 전
력이 필요하며, 고속(시속 700[mile] ≒ 1,120[km])에서는
46[MW]의 전력이 소모된다.

하이퍼루프 캡슐(Capsule)의 이동방향에 따라서 제1 방향
과 그의 반대 방향인 제2 방향을 각각 이동을 제어하는 제1,2

2) Syed Umar Ahmed, "Hyperloop High Speed Transportation",
Visvesvaraya Technological University Seminar Report, 2014-2015

방향 제어용 DC/AC 인버터는 최대 65[MVA]를 공급할 수 있으며, 리니어 모터 제어용 스위치를 통하여 각 리니어 모터의 제어가 결정된다.

그림 3-50은 하이퍼루프의 리니어 모터 구동시스템 특허 US9641117호, US2017-0126163호 및 US2017-0207735호를 나타낸다.

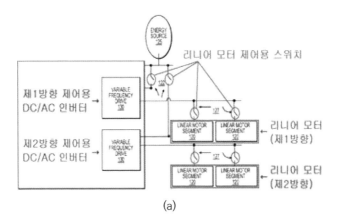

(a)

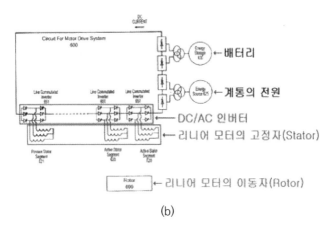

(b)

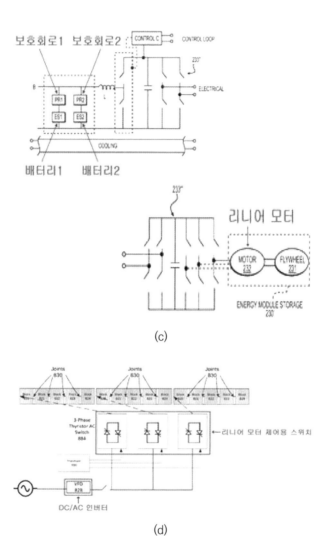

(c)

(d)

그림 3-50. 하이퍼루프의 리니어 모터 구동시스템
특허 US9641117호, US2017-0126163호,
US2017-0207735호

하이퍼루프(HYPERLOOP)社는 캡슐(Capsule)의 이동을 위한 리니어 모터의 구동 시스템을 특허(特許)로 제안하였으며, 리니어 모터의 코일(Coil)을 일정 부분을 분리시킨 리니어 모터 세그먼트(Segment)를 제어하는 DC/AC 인버터(130)를 통하여 제어하는 것을 기술적 특징으로 한다.

그림 3-50 (a)는 전원(Energy Source, 125)로부터 리니어 모터 세그먼트(120)로 DC/AC 인버터(130)를 통하여 모터의 속도를 제어할 수 있으며, 리니어 모터 제어용 스위치(122,127)를 통하여 최종적으로 리니어 모터의 동작여부를 결정하게 된다.

그림 3-50 (b)에서 리니어 모터 제어를 위한 DC/AC 인버터(651)와 전원(Energy Source, 625) 및 에너지 저장 배터리(Energy Storage, 630)에 저장된 에너지의 변환을 위하여 고전압(高電壓) 제어에 적합한 다이리스터(Thyristor)[3] 계열의 소자를 사용하고 있다.

그림 3-50 (c)에서는 리니어 모터 제어를 위한 세부적인 전력변환 회로를 나타내고 있으며, 복수의 에너지 저장 배터리(ES1, ES2 등)와 각각 직렬로 보호 장치(PR1, PR2: Protective Device)가 배치되어 있으며, 다이리스터(Thyristor) 계열의 소자를 사용한 DC-DC 컨버터와 DC-AC 인버터를 포함하는 구체적인 전력변환 장치를 제안하였다.

그림 3-50 (d)에서는 DC/AC 인버터(VFD: Variable Frequency Drive 651)는 리니어 모터를 제어하기 위하여 가

---

3) 제어용 반도체 소자는 PN접합의 수에 따라서 제어전압이 결정되며, 다이리스터는 3개의 PN접합이 존재는 NPNP 접합을 형성하며, 고전압(高電壓) 제어에 적합하다.
① 다이오드(Diode) : 1개의 PN접합을 통하여 전류를 단방향으로 흐르게 소자
② 트랜지스터(Transistor) : 2개의 PN접합이 존재하는 NPN 또는 PNP 접합의 소자
③ 다이리스터(Thyristor) : 3개의 PN접합이 존재하여 NPNP 접합을 형성하는 소자

변 주파수 방식으로 제어되며, 리니어 모터 제어용 스위치는 3상 다이리스터(Thyristor) 스위치를 이용하는 것을 기술적 특징으로 한다.

(a) GTO(Gate Turn-off Thyristor)

(b) ETO(Emitter Turn-off Thyristor)

(c) IGCT(Integrated Gate Commutated Turn-off Thyristor)

그림 3-51. 대표적인 다이리스터 소자

그림 3-51은 고전압(高電壓) 제어에 적합한 대표적인 다이리 스터(Thyristor) 계열의 소자를 나타내며, 하이퍼루프의 리니어 모터 구동을 위하여 다음과 같은 소자가 사용될 것으로 예측된 다.[4]

(4) (세부기술4) 하이퍼루프 감속기 및 브레이크 특허

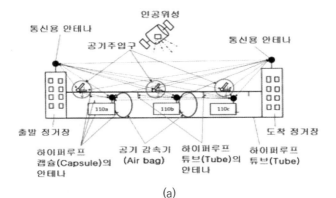

(a)

(b)

그림 3-52. 하이퍼루프 감속기
특허 US9533697호, US9809232호

---

4)그림 3-51은 대표적인 다이리스터(Thyristor) 계열의 소자의 예시이며, 하이퍼루프의 리니어 모터 구동에 직접적으로 사용되는 소자와 관계가 없다.

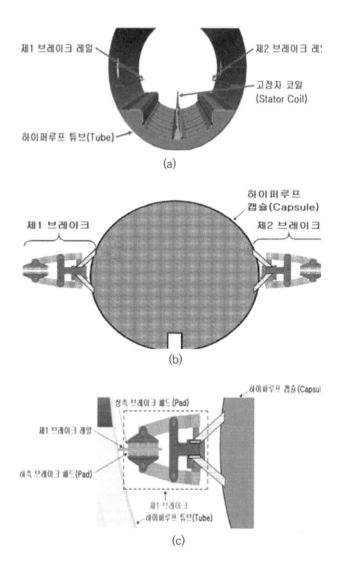

그림 3-53. 하이퍼루프 브레이크
특허 US2017-0328425호

그림 3-52는 하이퍼루프의 감속기 특허 US9533697호 및 US9809232호를 나타낸다. 하이퍼루프 캡슐(Capsule)은 최고 속도가 1280[km]으로 이동하며, 캡슐(Capsule)을 정지시키기 위한 감속 기술을 제안하였다.

그림 3-52(a)를 참조하면, 인공위성, 통신용 안테나, 하이퍼 루프 캡슐(Capsule)의 안테나 및 하이퍼루프 튜브(Tube)의 안 테나는 서로 통신을 통하여, 하이퍼루프 캡슐(Capsule)의 속도 감소를 위하여 공기주입구를 개방(Open)하는 것을 기술적 특 징으로 하며, 캡슐(Capsule)의 속도를 1차적으로 저감시킨다.

그림 3-52(b)에서 하이퍼루프 캡슐(Capsule)을 정지시키는 핵심적인 기술은 진공(眞空)인 튜브(Tube) 내부에 공기주입구 를 개방(Open)하여 공기를 주입함으로서, 캡슐(Capsule) 앞부 분에 공기 감속기(Air bag)을 형성하여서 속도를 상당히 감속시 키는 것을 기술적 특징으로 한다.

그림 3-53은 하이퍼루프의 브레이크 특허 US2017-0328425호를 나타낸다. 그림 3-53(a)를 참고하여, 하이퍼루 프 캡슐(Capsule)의 속도를 완전히 저감시키는 방법으로 하이 퍼루프 튜브(Tube)의 제1,2 브레이크 레일에 하이퍼루프 캡슐 (Capsule)의 좌측 및 우측에 위치하는 제1,2 브레이크가 결합 되며, 상측 및 하측의 브레이크 패드(Pad)가 작동하여 최종적으 로 정지하게 되는 것을 기술적 특징으로 한다.

(5) (세부기술5) 하이퍼루프 게이트 밸브(에어 차단기) 특허

그림 3-54는 하이퍼루프의 게이트 밸브(에어 차단기) 특허 US9599235호 및 US2017-0146136호를 나타낸다.

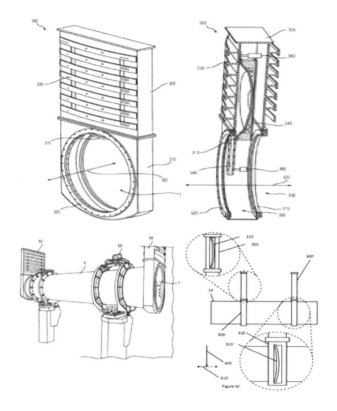

그림 3-54. 하이퍼루프 게이트 밸브(에어 차단기)
특허 US9599235호,
US2017-0146136호

하이퍼루프의 튜브(Tube)에 캡슐(Capsule)을 삽입(揷入)할 때, 공기가 들어가며, 하이퍼루프 캡슐(Capsule)의 속도를 감속시키기 위하여 공기주입구를 개방(Open)하여 튜브(Tube) 내부로 공기를 주입하는 기술을 사용하고 있다.

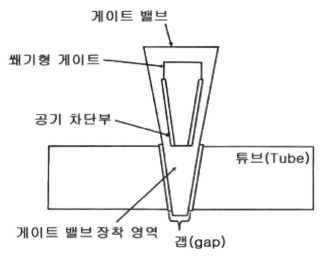

그림 3-55. 하이퍼루프 게이트 밸브(에어 차단기)
특허 US9599235호, US2017-0146136호

그림 3-55를 참고하면, 하이퍼루프 튜브(Tube)의 필요한 위치에 기울기가 있는 쐐기 모양의 게이트 밸브(에어 차단기)를 배치시킴을 통하여 전체적으로 하이퍼루프의 튜브(Tube)에 진공(眞空)을 유지시킬 수 있는 필수적인 기술로 평가할 수 있다.

04

보링(BORING)이라는
이름으로 펼쳐지는
교통망(網) 분야 전기차 혁명

2016년 12월 엘론 머스크가 제안하고, 2017년 본격적으로
사업을 시작한 3D(3-Dimensional) 교통사업 보링(Boring)

4-1
보링(BORING)이 꿈꾸는
새로운 교통망

2016년 12월 17일

엘론 머스크(Elon Reeve Musk)는 미국 LA(Los Angeles)에 교통 체증의 답답함을 트위터(twitter)를 통하여 공식적으로 말하면서, 교통체증을 해소하기 위한 새로운 "The Boring Company"를 시작하겠다고 선언하였다.

 Elon Musk ✔
@elonmusk   (팔로우) ⌄

Traffic is driving me nuts. Am going to build a tunnel boring machine and just start digging...

오전 5:05 · 2016년 12월 17일

12,738 리트윗 **41,715** 마음에 들어요

그림 4-1. 엘론 머스크의 트위터(2016년 12월 17일)

교통에 대한 엘론 머스크의 통찰력은 한마디로 창의적이고 대단하다.

그는 현재의 도시는 3D(3-Dimensional)로 고층 빌딩으로 확장되고 있지만, 도시의 도로 망은 2D(2-Dimensional)로 구성되어 있다. 즉 운전자가 자동차를 운전하는데 바로 앞의 자동차가 가지 않는다면, 운전자는 절대 어쩔 수 없는 것이 바로 교통체증이다.

엘론 머스크는 교통체증(traffic jam)의 새로운 해결책(Solutions)으로 3D(3-Dimensional)의 지하도로 사업을 제안하였고, 그 사업을 땅 파는 회사라는 이름의 The Boring Company로 명명(明命)하였다. 그는 단순하게 3D(3-Dimensional) 지하 도로를 제안한 것이 아니었다. 그는 마치 자동차가 특정(特定) 위치의 엘리베이터(Elevator)를 타고 지하(地下)로 내려가서 시속 200[km](124[mile]) 이상의 속도로 자율주행으로 운행하며, 운전자가 원하는 목적지에 가장 가까운 엘리베이터(Elevator)를 통하여 지상(地上)의 도로로 올라가는 새로운 교통체계를 제안하였다.

(a) 자동차가 정해진 위치에 전기썰매(Electric Sled)에 탑승함

(b) 전기썰매(Electric Sled)는 자동차를 지하 터널로 이동시킴

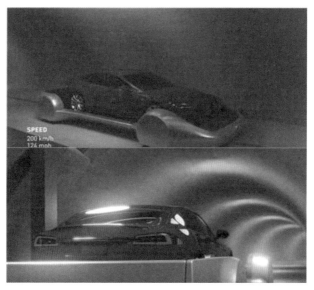

(c) 지하 터널에서 시속 200[km] 이상의 속도로 자율 주행함

(d) 지하 터널의 노선을 통하여 원하는 장소로 이동시킴

그림 4-2. 보링 신교통 시스템 개념도 [1]

바로 새로운 교통망 시스템은 바로『자동차 전용의 전기 썰매 (Electric Sled) 스케이트 시스템』이다.

왜?? 지상이 아닌 지하로 터널(Tunnel)을 건설하는 것인가??

그 이유는 바로 지상에는 공간의 제약으로 자유롭게 건설이 어렵지만, 지하의 경우 수 내지 수십 층의 터널(Tunnel)을 자유롭게 건설할 수 있기 때문이다.

(a) 보링(boring) 머신의 굴착부가 회전하며 모래, 자갈 등을 굴착함

---

1)출처: 유튜브 동영상, 테슬라 CEO 엘론 머스크가 계획 중인 지하터널 교통 시스템, https://www.youtube.com/watch?v=VOES-0gyA00

(b) 굴착부가 하부로 잘게 부서진 모래, 자갈 등이 모여짐

(c) 굴착부가 하부에 모인 모래, 자갈은 이송 시스템에 의해 이송됨

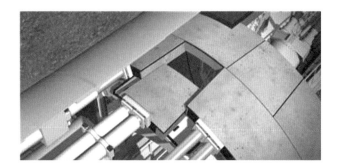

(d) 파낸 공간은 콘크리트 블록으로 터널 외벽을 만듦

그림 4-3. 보링 터널 건설의 개념도[2]

    보링(Boring)社는 일반적인 교통용 터널(Tunnel)과 비교하여 건설비용을 현저하게 줄이는 방법으로 첫째, 터널(Tunnel)의 직격을 14[feet](약 4[m] 27[cm])로 설계하였고, 둘째, 최적의 냉각(冷却) 시스템을 적용하여 기존의 굴착 장비보다 약 3배의 출력을 발생시키고, 효과적으로 땅을 굴착하는 방법을 제안하였다.

    그림 4-4는 첫 번째 보링(Boring) 머신으로 엘론 머스크(Elon Reeve Musk) 회장은 "고도(Godot)"라고 명명(命名)하였다. 노벨 문학상을 수상한 사무엘 베케트(Samuel Bekett)[3]의 연극 "고도를 기다리며(Waiting for Godot)"에서 가져온 이름으로 바로 보링(Boring)社의 희망을 담은 이름을 선택하였다.

---

2) 출처: 유튜브 동영상, Meet Crossrail's giant tunnelling machines, https://www.youtube.com/watch?v=z38JlqGDZVU&t=285s

3) 사무엘 베케트(Samuel Barclay Bekett: 1906년~1989년): 아일랜드 출신으로 젊은 시절에 영어강사로 일하다가 1938년부터 소설가로 등단하였으며, 1969년 "내가 아니다"라는 작품으로 노벨 문학상을 수상하였으며, 대표작으로 "고도를 기다리며", "어떤 식으로 그것이", "승부의 끝", "마지막 테이프" 등이 있으며, 신선한 문체와 뛰어난 연극적 감각을 갖으며, 실존주의와 초현실주의 사상을 배경으로 시간-공간이 현실성을 잃고 언어가 그 전달 능력을 상실하는 부조리극의 창시자인 아일랜드 출신의 프랑스 소설가 및 희곡 작가

그림 4-4. 첫 번째 보링(Boring) 머신 고도(Godot)

그림 4-5는 보링(Boring)社에서 개발 중인 보링(Boring) 머신으로서 냉각(冷却) 시스템을 도입하여 더욱 강력한 출력을 발생시키는 장비를 개발하고 있다.

그림 4-5. 보링(Boring)社에서 개발 중인 보링(Boring) 머신

그림 4-6. 미국 LA(Los Angeles)의 보링(Boring) 노선도

그림 4-7. 미국 LA(Los Angeles)의 보링(Boring) 건설현장

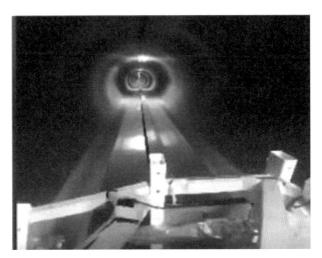

그림 4-8. 터널(Tunnel)에서 자율주행
전기 썰매 스케이트 테스트[1]

그림 4-6는 미국 LA(Los Angeles)의 보링(Boring) 노선도
를 나타내며, 미국 LA에는 약 10[km][2]의 터널(Tunnel)을 착
공 중에 있다.

그림 4-7은 미국 LA(Los Angeles)의 보링(Boring) 건설현
장을 나타내고 있으며, 그림 4-8은 터널(Tunnel)에서 자율주
행 전기 썰매 스케이트 테스트 사진을 나타낸다.

2018년 12월 18일
엘론 머스크(Elon Reeve Musk) 회장은 미국 LA(Los
Angeles) 남부의 스페이스X(Space X) 본사에 건설 중인 지하
터널을 공개하였다.

---

1) 출처: 유튜브 동영상, The Boring Company, first tunnel,
Cutterhead & electric sled 125mph (200 km/h) test run | Elon
Musk, https://www.youtube.com/watch?v=JQOn_MtqOjl
2) 6.5[mile]

그림 4-9. 보링(Boring)社에서
공개한 자율주행 지하 터널 [3]

이 지하터널은 자기부상 방식으로 시속 200[km]의 속도로 이동할 수 있는 것을 목표로 하였지만, 시속 64[km]의 속도로 이동하는 모습을 시연하였다.

지상의 교통체증을 해결하는 신(新) 교통망 보링(Boring)이 펼치는 미래의 모습은 새롭고 편리한 지하 도로망을 자율주행으로 운전하는 전기차 혁명은 더욱 편리한 교통의 세계를 펼치게 될 것이다.

---

3) 2018년 12월 18일 보링(Boring)社는 테슬라(TESLA) 모델 X를 지상으로 운반하는 리프트 시스템, 시속 64[km]의 속도로 이동하는 전기 썰매 스케이트를 시연하였다. 하지만, 직접 차창에 탑승한 기자 및 몇몇 사람들은 멀미가 나올 것 같다는 승차감에 불평을 하기도 했다. 이에 엘론 머스크 회장은 시스템이 완전하게 작동하면, 승차감이 유리처럼 좋으며 속도도 더욱 향상시될 것이라고 설명하였다.

그림 4-10. 보링(Boring)社를 이끄는 엘론 머스크 회장

05

전기차 혁명의 시대를 맞이하며

BMW社가 창사 100주년을 맞이해 개발한 미래형 콘셉트카

롤스로이스社가 개발하는 미래형 콘셉트카

5-1
지금부터
전기차 혁명은 시작된다

한국에서 전기자동차대의 본격적인 시작점(출발점)은 언제일까?? 본격적은 시작은 2017년으로 봐야 할 것 같다.

전 세계적으로는 2006년 테슬라(TESLA)社가 로드스터(Roadster)라는 차량을 시작으로 전기자동차 시대를 열었으며, 2009년 테슬라(TESLA)社는 모델 S를 통화여 대중화(大衆化)를 시작하였다.

한국은 2012년부터 처음 전기자동차를 시장에 보급했지만, 2017년부터 본격적으로 친환경 자동차에 대한 보조금 지급을 바탕으로 자동차 산업을 기계공학에서 IT로 그 정의를 변경하기 사작한 것이다.

그리고 그 신호탄은 2017년 3월부터 테슬라(TESLA)社의 전기자동차의 한국내 판매를 허락하고, 이제 본격적으로 전기자동차 시대로 진입하는 변곡점(變曲點)의 시기라고 할 수 있다.

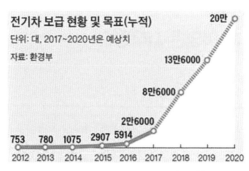

그림 5-1. 전기자동차 보급 현황 및 목표(누적)[출처: 환경부]

그림 5-1은 환경부에서 발표한 대한민국 전기자동차 누적
대수 예상치를 나타낸다. 2016년까지 한국에서 전기자동차
는 누적대수로 총 5914대가 주로 관공서 위주로 보급되었지
만, 2017년 2만 6천대/ 2018년 8만 6천대/ 2019년 13만 6
천대/ 2020년 20만대로 이제 민간 대중에게 보조금을 통해서
정부가 급격하게 전기자동차 보급을 추진하고 있다.

바로 지금 대한민국은 내연기관 자동차에서 전기자동차로
변화의 흐름에 있다.

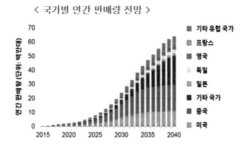

그림 5-2. 전 세계 국가별 연간 판매량 전망
[출처: 블룸버그 뉴에너지 파이낸스]

그림 5-2 및 그림 5-3은 블룸버그 뉴에너지 파이낸스에서 조사한 전 세계 자동차 판매량 전망이다. 그림 5-2는 전 세계 국가별 연간 판매량 전망을 나타내며, 그림 5-3은 전 세계 차량 등급별 연간 판매량 전망을 나타낸다.

이 판매량 전망을 가만히 살펴보면 2020년부터 2040년까지 본격적으로 전기차 판매가 증가되며, 주로 미국, 중국 및 유럽을 중심으로 성장할 것을 예측하고 있으며, 차량 등급별 연간 판매량 전망으로 중형차/ 소형차/ SUV 중심으로 판매 증가가 될 것으로 전망되고 있다.

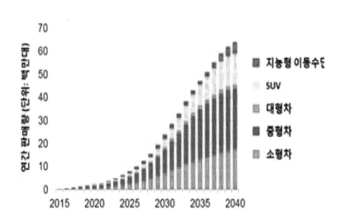

그림 5-3. 전 세계 차량 등급별 연간 판매량 전망
[출처: 블룸버그 뉴에너지 파이낸스]

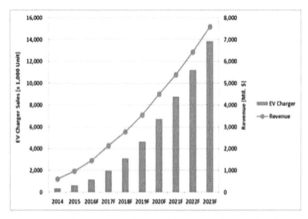

(Source: '전기자동차용 충전기의 산업 및 표준화 동향과 시장 전망(2014~2023), SNE Reseach)

그림 5-4. 전 세계 전기자동차 충전기 시장전망
[출처: SEN Reseach]

그림 5-4는 전 세계 전기자동차 충전기 시장전망을 나타내며, 2019년: 9백만 EV충전기 수요/ 4500만 달러(약 500억원)에서

2023년: 1천 5백만 EV충전기 수요/ 1400만 달러(약 1500억원)으로 급격한 충전기 수요가 증가가 예상되고 있다.

4차 산업혁명을 맞이한 이 시대는 새로운 생활에 적합한 전기자동차를 요구하고 있다. 자율주행 자동차 분야에서 가장 앞서가는 회사는 구글(Google)社의 웨이모(WAYMO)이다.

그림 5-5. 구글社의 자율주행 상용화 차량 웨이모
(WAYMO)

그림 5-5는 구글(Google)社의 자율주행 상용화 차량 웨이모 (WAYMO)를 나타낸다. 2018년 12월 5일 미국 아리조나주 피닉스(State of Arizona Phoenix)에서 세계최초 상용화 서비스를 진행하고 있다. 현재는 파일럿(Pilot) 프로그램에 참여한 400여명을 대상으로 피닉스시 주변 반경 160[km] 이내의 지역에서만 자율주행으로 이동할 수 있다.

미국 구글(Google)社는 2009년부터 본격적으로 자율주행 차량에 대하여 테스트를 하고 있으며, 25개 도시에 1600만[km]에 달하는 주행테스트를 성공적으로 마쳤다.

마일 [mile]

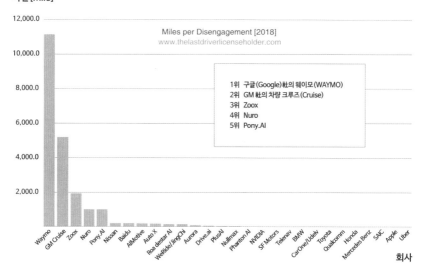

그림 5-6. 캘리포니아주 주요기업의
분리 1회당 자율주행 주행거리

그림 5-6. 2018년 캘리포니아주 주요기업의 분리 1회당 자율주행 주행거리 현황을 나타낸다. 미국 캘리포니아주 (State of California)는 2018년 자율주행차 분리 보고서

(Disengagement Reports 2018)에서 캘리포니아 차량국 (DMV)에 62개 업체가 허가를 받았으며, 2017년 11월부터 2018년 12월까지 48개 업체, 실험차량 496대가 참여하였다.

　2018년 캘리포니아주에서 사람없이 가장 오래 주행한 업체 는 구글(Google)社의 웨이모(WAYMO)로서 총 111대가 참여 해서 203만 4539[km](127만 1587마일[mile])을 주행하여, 1회당 주행거리가 1만 7846.8[km](1만 1154.3마일[mile])로 서 사람의 개입이 없는 거의 완전한 자율주행 능력을 보이고 있다.

　그림 5-6은 GM社의 자율주행 차량 크루즈(Cruise)를 나타 낸다. GM社는 2018년 캘리포니아 주에서 구글社의 웨이모 다 음으로 자율주행 테스트를 수행한 업체이다. 2018년 캘리포 니아주에서 총 162대 차량으로 71만6194[km](44만7621마 일[mile])을 주행하여서 구글(Google)社의 웨이모(WAYMO) 다음으로 자율주행에 박차를 가하고 있다.

그림 5-7. GM社의 자율주행 차량 크루즈(Cruise)

순위	업체명	시험차량 수	총 주행거리 마일[mile]	분리1회당 주행거리 마일[mile]
1	웨이모(구글)	111	1,271,587	11154.3
2	크루즈(GM)	162	447,621	5204.9
3	Zoox	10	30,764	1922.8
4	Nuro	13	24,680	1028.3
5	Pony.AI	6	16,356	1022.3

표 12. 2018년 미국 캘리포니아주 자율주행 테스트기업,
총 주행거리, 분리1회당 주행거리 비교

표 12는 2018년 미국 캘리포니아주(State of California)는
자율주행차 분리 보고서(Disengagement Reports 2018)에
나타난 자율주행 테스트기업, 총 주행거리, 분리1회당 주행거
리를 비교한 것이다.

미국 캘리포니아주에서 자율주행 연구에 있어서, 1위: 구글
社 웨이모, 2위 GM社 크루즈가 차지하고 있다. GM社를 제외
하고 주행거리가 긴 기업들은 완성차 업체가 아닌 IT기업이며,
완성차 업체들은 닛산(6위), BMW(20위), 도요타(22위), 혼다
(24위)를 기록하고 있다.

(a) 자율주행 택시 누토노미(nuTonomy)

(b) 자율주행 택시 우버(UBER)

그림 5-8. 자율주행 택시 누토노미(싱가포르) 및 우버(캐나다)

그림 5-8(a)는 2016년 10월부터 세계 최초로 싱가
포르에서 시번적으로 운행하는 자율주행 택시 누토노미
(nuTonomy)를 나타내며, 그림 5-8(b)는 2017년 8월부터
캐나다에서 시범운행하는 자율주행 택시 우버(UBER)를 나타
낸다.

자율주행 기능의 상용화로서 전 세계적으로 이를 시범적으
로 운영하는 현실이다.

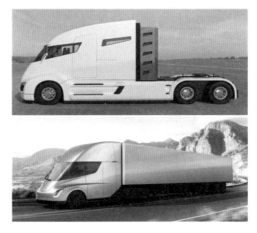

그림 5-9. 테슬라(TESLA) 전기트럭 세미(semi)

2017년 11월 테슬라(TESLA)社는 그림 5-9의 전기트럭 세미(electric semi truck)를 발표하였다. 36톤[Ton]의 화물을 적재하고 제로백 0~100[km] 도달하는 시간 20초, 아무것도 화물을 싣지 않는 경우 제로백을 5초로 단축시킬 수 있으며, 전기모터 4개를 사용하여 테슬라(TESLA) 급속충전기를 이용하여 30분에 충전할 수 있으며, 1회충전에 664[km] 주행, 최대 주행거리는 804[km]를 달릴 수 있는 전기트럭이다.

전기트럭 세미를 발표한 테슬라(TESLA)社의 엘론 머스크(Elon Reeve Musk) 회장은 미국에서 디젤(Diesel) 트럭이 1마일[mile][1] 1.51달러의 연비가 나오는 반면에 테슬라 세미는 1마일[mile] 당 1.26마일 달러뿐이 들지 않으며, 기존의 디젤 트럭과 비교하여 가속 성능이 월등이 우수하고, 1회 충전으로 주행거리가 600[km] 이상으로 보다 혁신적임을 강조하였다.

최근 각국의 이산화탄소(CO_2) 등 환경규제가 강화되면서, 디젤(Diesel) 트럭 및 자동차에 대한 규제가 강화되고 있으며, 이제 전기트럭은 벤츠, 현대, 르노삼성, 볼보, 다임러 등 주요기업은 디젤(Diesel)에서 전기 트럭으로 본격적인 기술개발을 추진하고 있다.

그림 5-10. 벤츠가 개발 중인 전기트럭

---

1) 1마일[mile] : 약 1.6 [km]

이제 본격적인 전기차 혁명의 시대에 접어들었다.

자율주행 기술과 결합된 전기차 혁명은 더 이상 자동차는 『기계공학의 결정체』가 아니라『바퀴달린 휴대폰』을 넘어서 이제는 『움직이는 디지털 거실』로 그 개념을 변신시키고 있다.

주변상황을 고려한 자율주행은 기본이며, 터치스크린, 음성인식, 홍체인식 등의 기술을 포함하고, 운전자와 거리의 지나다니는 사람이 서로 커뮤티케이션(communication)하는 기술을 접목시킨 각 기업의 새로운 콘셉트카(concept car)[2]가 선보이고 있다.

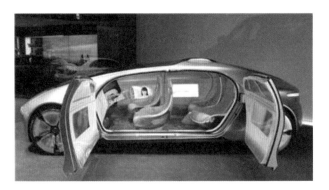

(a) 벤츠 미래 콘셉트카(F-015B)

(b) 벤츠 미래 콘셉트카(F-015B) 내부구조 및 뒷모습

---

2) 콘셉트카(concept car) : 미래의 소비자 경향을 내다보고 모터쇼를 전제로 제작되고, 기술이 개발 중인 자동차

(d) 백조 모양의 벤츠 미래 콘셉트카

(e) BMW 미래 콘셉트카(NEXT 100)

(f) BMW 미래 콘셉트카의 문이 열리는 모습(NEXT 100)

(g) 부가티 미래 콘셉트카

(h) 닛산 미래 콘셉트카

(i) 도요타 미래 콘셉트카

(j) 롤스로이스 미래 콘셉트카

(k) 쉐보레 미래 콘셉트카

(d) 재규어 미래 콘셉트카

그림 5-11. 각 회사가 발표한 미래형 콘셉트카

그림 5-11은 세계적인 글로벌 자동차 회사인 벤츠, BMW, 부가티, 닛산, 도요타, 롤스로이스, 쉐보레, 제규어에서 발표한 미래형 콘셉트카(concept car)를 나타낸다. 이 모든 미래형 콘셉트카(concept car)는 자율주행 기능 + 전기자동차 + 스마트 IT 기능 + 인공지능의 기능을 총괄적으로 결합하여 이제 새로운 시대를 맞이하고 있다.

이 책은 전통적인 자동차 기업이 아닌 IT기업인 테슬라(TESLA)社의 전기자동차 핵심기술, 하이퍼루프, 보링의 전기차 혁신을 살펴보고, 그로부터 시작된 각 기업들의 전기차 혁명에 대하여 여행하는 시간이었다.

21세기 전기차 혁명의 시작은 바로 테슬라(TESLA)社의 혁명에서 시작되었다고 할 수 있을 것이다.

이제 본격적으로 4차 산업혁명과 전기자동차 시대로 진입하는 변곡점(變曲點)에 서있으며, 더 나아가 전기차 혁명의 시대를 맞이한 테슬라(TESLA)社의 회장인 엘론 머스크(Elon Reeve Musk)의 철학이 담긴 아래의 명언(名言)을 여러분의 가슴 속에 소중한 씨앗으로 간직해 주기를 바란다.

언젠가 그 씨앗이 싹을 틔워서, 멋진 거목(巨木)으로 성장하길 꿈꾸며, 이번 전기차 혁명의 여행을 마치겠다. 끝.

실패는 하나의 옵션입니다.
만약 무언가 실패하고 있지 않다면,
충분히 혁신하고 있지 않는 것입니다.
  – 엘론 머스크(Elon Reeve Musk)

초판 1쇄 인쇄 | 2019년 4월 25일
초판 1쇄 발행 | 2019년 4월 30일

지은이 | 배진용 도정국 김필수
편집 기획 | 장영광
발행처 | 청춘미디어
출판등록 | 제2014년 7월 24일, 제2014-02호
전화 | 010) 9633-1751
팩스 | 02) 6918-4190
메일 | stevenjangs@gmail.com

ISBN 979-11-87654-59-8

책값 15,000원 (만 오천 원)